Adolf Immanuel Reichart

Die sittliche Lebensanschauung des P. Ovidius Naso

Adolf Immanuel Reichart

Die sittliche Lebensanschauung des P. Ovidius Naso

ISBN/EAN: 9783743615861

Hergestellt in Europa, USA, Kanada, Australien, Japan

Cover: Foto ©ninafisch / pixelio.de

Manufactured and distributed by brebook publishing software (www.brebook.com)

Adolf Immanuel Reichart

Die sittliche Lebensanschauung des P. Ovidius Naso

Die sittliche lebensanschauung

des

P. Ovidius Naso.

» Je ne puis estimer ces dangereux auteurs
Qui de l'honneur en vers infames déserteurs
Trahissant la vertu sur un papier coupable
Aux yeux de leurs lecteurs rendent le vice aimable.«
Boileau, Art Poét., Chant IV., v. 91 ff.

» In den werken der menschen, wie in denen der natur, sind
eigentlich die absichten vorzüglich der aufmerksamkeit werth.«
Göthe, Maximen und reflex.

Inauguraldissertation

bei der

hochlöblichen philosophischen facultät zu Jena behufs
erlangung der philosophischen doctorwürde

eingereicht von

Adolf Immanuel Reichart,
Gymnasiallehrer.

Potsdam, 1867.

In Commission der Gropius'schen Buchhandlung
(A. Krausnick.)

Die geschichte der im classischen alterthume durchlebten sittlichen überzeugungen ist wesentlich im anschluss an die philosophen und geschichtschreiber der alten gegeben worden: seltener ist die volksmoral beobachtet an den naiven und individuellen äusserungen der gesellschaft. Besonders geeignet für solche betrachtung scheint das leben des dichters, welcher durch den unverhohlenen ausdruck der überzeugungen und empfindungen des ich mehr denn andere schriftsteller zum beschreibenden moralisten wird. Um aber als dichterischer zeuge von den sittlichen anschauungen seines volkes auch auf uns sittlich wirken zu können, hat er 1) nur wahr zu sein, d. h. muss er richtig beobachtet und wirklich empfunden haben, und darf er 2) am schlechten nicht gefallen finden lassen: darauf beschränken wir mit A. Vinet ([1]) unsere anforderungen an die eigne sittlichkeit desselben.

Ovid als beliebter dichter der augusteischen gesellschaft ist bei dem mangel an selbständiger kraft inmitten alles reichthums der begabung eine solche persönlichkeit, welche den durchschnitt der sittlichen überzeugungen jenes Rom recht lebensvoll individualisirt. Man hat ihn zu allen zeiten widersprechend beurtheilt; bei seinen landsleuten zählte er zu den gefeierten männern, bis er vom staatsoberhaupt aus der gebildeten welt verstossen wurde, die zeit der wiedergeburt der wissenschaften begeisterte sich für ihn als den dichterfürsten, vom 13. in's 18. jahrhundert häuften sich die übersetzungen seiner schriften in alle litteratursprachen. Aber trotzdem ein Muret meinte, diejenigen welche es wagten einen so durchaus vollendeten dichter durch tadel herabzu-

---

[1]) Vergl. Moralistes des 16e et 17e siècles. Paris 1859, Introduction.

ziehen, verdienten mit eiern und schwefel gereinigt zu werden, erklärte ein Victorius bündig: »Ovid war wie in seiner darstellung so in seinem charakter entnervt.« Auch heute erkennt man bereitwillig die künstlerischen vorzüge seines genius an, macht aber gern diese huldigung eitel in dem vorwurfe der grundsatzlosigkeit und lüsternheit. Die zahlreichen lebensbeschreibungen Ov.'s haben entweder einseitig die äusseren umstände untersucht oder nur die urtheile alter und neuer zusammengestellt, oder zu ausschliesslich die dichterische eigenart berücksichtigt, und nur in wenigen findet man ein leider meist durch vorurtheil entstelltes charakterbild. Gehen wir hier der art nach, wie Ov. über sittliche verhältnisse geurtheilt hat, und würdigen die einzelne kundgebung in ihrem zusammenhang mit der sittlichen entwicklung des dichters.

In den ovidischen werken ist eine besondere neigung zu sittenschilderung und betrachtung des psychologischen im individuum unverkennbar. Weit entfernt jedoch in diesem moralistischen interesse die einzelnen leidenschaften in typen auszuarbeiten, wie etwa Theophrast und die französischen moralisten gethan, gibt uns der dichter volle gestalten unter bestimmten verhältnissen. Überall fasst er das menschliche empfinden, sinnen und handeln als das wesentliche, daher auch das gnomische, zu einer fülle köstlicher maximen und sentenzen ausgereift, ein bedeutsames moment seiner dichtung bildet. Daran gewöhnt schilderung fein beobachteter seelenzustände in ihr zu finden ist der leser durch einzelne dem epos nach stoff und form entlehnte partieen trotz allem aufwand von kunst durch wechsel das interesse zu erhalten weniger angesprochen, weil das pralle, reliefartige hervortreten der handlung fast störend auf der farbenreichen leinwand wirkt, die gewöhnlich lieber in die erregten züge des von leidenschaft erfassten menschen, in das wallen der empfindung bis zum überströmen in die handlung schauen lässt als auf die starr werdende that selbst. Welchen schatz von beobachtungen über die natur des menschen weiss er seinen schilderungen der liebe beizugeben! Wie bezeichnend sind für seine eigenthümliche richtung die Heroides, welche, nach Bentley's treffender bestimmung, situationen und charakteristiken als rhetorische themen unter dem gesichtspunkt der ethopöie individualisiren! Und im gegensatz zu diesen darstellungen des menschenherzens in den erregungen der liebe (¹) hören wir aus dem öden verbannungsorte her die schmerzlich bewegte stimme der lebenserfahrung tönen, nachdem auch in den beiden reifsten werken die stärke des moralisten sich eigenthümlich bekundet. Denn in den Fasten sind ihm bedeutsame tage des kalenders willkommene gelegenheit charaktergestalten der nationalen sage und geschichte in frischen bildern zu beleben, während in den Metamorphosen mythos und mährchen einer moralisirenden und psychologischen tendenz deutlich unterliegen. So lebendig des dichters phantasie die verwandlungen uns vorzuzaubern weiss, so sind diese doch nicht die hauptsache für ihn, das wunderbare tritt sogar meist gegen die darstellung des pathos zurück, so dass die verwandlung nur als der nothwendige schluss erfolgt, zuweilen ohne innere beziehung zum hauptgegenstande, der ethischen entwicklung, kaum noch des lesers antheil erregt. (²) Aber selbst in diesen elementen des wunderbaren schaut unser dichter tiefen, rein menschlichen sinn. Hegel (³) hat die verwandlungen schlechthin als ein herunterkommen und eine strafe geistiger existenzen bezeichnet, welche durch einen fehltritt, eine leidenschaft, ein verbrechen u. dergl. in unendliche schuld oder unendlichen schmerz verfallen, dadurch der freiheit des geistigen lebens verlustig und zu einem nur natürlichen dasein geworden seien: eine deutung, die leider durch die Metamorphosen selbst einschränkung erfährt. Aus der zusammenstellung der verwandlungsscenen ergibt sich, dass immerhin am häu-

---

¹) Sehr treffend sagt Saint-Marc Girardin, Cours de litt. dram. Paris 1861, vol. III., p. 197: Cette abondance imprévue de réflexions et d'observations fait, à mes yeux, le grand mérite de l'Art d'aimer. Vous croyez ne rencontrer qu'un précepteur d'amour; vous trouvez un moraliste piquant, pour qui l'amour n'est qu'une occasion de mieux observer le coeur humain.
²) Vergl. Met. VIII., 1—151. 260—545. 741—881. XII., 210—535. XIII., 1—398.
³) Vorlesungen über die ästh. th. II., cap. 3. A. 3.

figsten die verwandlung zur strafe verhängt wird (¹), zum theil aber ganz ohne verschulden oder selbst durch die absicht des betreffenden eintritt (²), oder dass sie göttlichen schutz vor verfolgung, vor todesgefahr gewährt (³), oder dem übermaass untröstlichen schmerzes ein ziel setzt (⁴); in anderen ferner ist ehre und belohnung des verdienstes verliehen (⁵), nicht wenige stücke erzählen bloss phantastische zauberei an menschen, thieren oder dingen (⁶), und endlich findet sich in den Met. eine anzahl theilweis sehr ausgesponnener erzählungen, welche gar keine verwandlung enthalten oder nur als bedeutungsloses anhängsel. (⁷) Darf demnach aus dem blossen act der verwandlung eine moralisirende tendenz den Metamorphosen nicht schon zugesprochen werden, so ist doch zu betonen, dass Ov. mit vorliebe die zu ethischen schilderungen geeigneten gestalten hervorhebt. Gar gerne und meist sinnig deutet er auch das nachgefühl an, welches nach der umgestaltung von der stimmung und gemüthsart in dem erniedrigten dasein überlebt, wenn auch viele dieser züge der volksphantasie angehören und einzelne

---

¹) z. b. I., 163—252. II., 401—530. 676—707. 708—832. III., 629—691. 707—733. IV., 255—270. 389—415. 416—541. 604—662. V., 236—249. 409—437. 451—461. 531—550. 650—661. 662—678. VI., 1—145. 146—312. 317—381. 382—400. 412—676. VIII., 1—151. 573—589. 741—881. IX., 273—323. 451—665. X., 222—237. 238—242. 297—502. 560—704. XI., 1—84. 146—193. XIII., 404—575. XIV., 91—100. 483—511. 514—526. 698—761.
²) IV., 563—603. V., 552—563. IX., 324—393. XII., 64—145. 169—209. XIII., 740—897. 898—968. XIV., 1—74. XV., 565—621. 622—744.
³) I., 452—567. 568—667. IV., 190—255. V., 572—641. VIII., 236—259. 590—612. IX., 211—229. XII., 1—38. XIII., 623—674. XV., 493—546.
⁴) II., 325—366. 367—380. IV., 542—561. VIII., 533—546. X., 106—142. XI., 291—345. 410—748. 749—795. XV., 485—496. 548—551. Vergl. Ex Pont. I. 2, 29—36.
⁵) VIII., 622—727. IX., 229—272. X., 162—219. XIV., 581—608. 808—851. XV., 745—870.
⁶) III., 101—130. 324—331. IV., 271—388. 741—752. 794—803. VII., 159—293. 622—660. 762—793. IX., 31—97. 666—797. X. 243—297. XI., 216—265. 346—406. XII., 169—209. 536—576. XIII., 576—622. XIV., 527—565. 573—580. 622—697. 762—771. XV., 12—59.
⁷) III., 701—733. VIII., 741—881. X., 148—161. XII., 210—524. 580—628. XIII., 1—383.

nur geistreiche spielereien sind, in welcher beziehung H.
Motz (¹) nicht ohne grund den witz Ov.'s der zerstörung
des ursprünglichen reizes manches schön empfundenen griechischen naturmärchens zeiht. Würde die feine charakteristik der personen, die glückliche schilderung menschlicher affecte und leidenschaften, die ethische auffassung der mehrzahl der verwandlungen schon genügenden anhalt dafür geben, dass Ov. auch in seinem hauptwerke, von dem er unsterblichen ruhm erwartete, einen sittlichen gedanken verfolgt, nicht bloss anmuthige mährchen gut erzählen will, so wird unsere ansicht doch am kräftigsten durch den anfang und den schluss der Metamorphosen gestützt. Das gedicht hebt an von der weltentstehung, auf welche schöpfung und wandlungen des menschengeschlechtes folgen. Es schliesst mit dem trauernden gedanken der zerstörung aller irdischen schönheit und grösse. (²) Das leben des einzelnen menschen reiht sich ein dem leben der natur, das leben der völker tritt unter demselben gesetz des wandels ihm zur seite. Wie ein schwermüthiger refrain kehrt nach jedem abschnitt der ausführung die mahnung an den unbestand der dinge zurück. Je reichlicher des dichters klage über dieses naturgesetz des steten werdens und vergehens entströmt, um so mehr sind wir berechtigt hier den sittlichen grundgedanken der genialen schöpfung der Metamorphosen ausgesprochen zu glauben.

Indem wir denselben eigenthümlichen zug nach seelen-, charakter- und sittenschilderung in allen werken Ov.'s gewahrten, von den in üppiger lenzeslust entfalteten blüthen seines talentes an bis zu den welkenden blättern seines alters, gewannen wir von vornherein die überzeugung, dass unser dichter nicht schlechtweg der frivole jünger gemeiner lustlehre sein kann, der ohne scheu und grundsätze über

---

¹) Über die empfindung der naturschönheit bei den alten. Lpz. 1865.
²) Wir erlauben uns hier den eigentlichen dichterischen schluss des werkes zu unterscheiden von dessen augusteisch-hofdichterlichem abschluss, der apotheose Caesar's und dem preis der julischen familie, womit Ov. s. Met. dem römischen volke in seinem vertreter widmen zu müssen gemeint hat.

alles witzelt, wenn es sich nur geistreich anhört, und alles schildert, wenn es nur die phantasie reizt.

Die meisten angriffe auf Ov. haben sich gegen seine darstellungen auf dem gebiet der liebe gerichtet. Gleichwohl hegte derselbe das bewusstsein gerade hier eigen und gross zu sein, so dass er in seiner grabschrift sich als den »dichter zarter liebeshändel« der nachwelt genannt wünscht. (¹) Betrachten wir daher zunächst seine schilderungen der liebe.

Nicht wenig reiz verleiht den erotischen gedichten des verfassers jugendliche offenheit, welche unbekümmert um strenge sittenrichter (²) und ohne die pein der selbstvorwürfe eines sittlichen schwächlings in frischer Lebenslust an das mitgefühl der liebefähigen sich wendet. Ovid will nichts von dem wissen, was Plato tiefes vom Eros verkündet, die flügelkraft seiner liebe führt nicht über die italische erde empor in das reich des unsterblich schönen. Nein, leibesschönheit ist dazu da rechtzeitig genossen zu werden; schönheit und keuschheit gehen unmöglich zusammen. Zu was anderem fordert das kurze leben auf als zur freude? (³) Ov. ist hier der genusssüchtige jüngling, den der ernst des lebens noch nicht berührt hat. Seine zeit und ihr umschwung sind ihm noch verschlossen, keine anerkennung grosser ideen entreisst ihm bewunderung. Die reizenden sorgen des wechselnden liebestreibens däuchen ihn schöner als alles. Seinen feinden wünscht er ein leben voll nüchterner sittenstrenge an, unverhüllt bekennt er, dass er das flüchtige leben in geschlechtlicher lust zubringen, ja es enden möchte in der erschöpfung durch liebesgenuss. (⁴) Lachend gesteht er seine fehler ein, findet sie aber doch noch zu schön, als dass er sich ihrer entäussern möchte. (⁵) Eine glühende leidenschaft für das unter Corinna oft genannte weib erfüllt ihn. Aber während die längere dauer dieses verhältnisses, der bald reizend innig, bald sehnsüchtig treu erklingende ton des liedes, die muthwillig schäckernden züge, die eifrig gewechselten liebesbriefchen und geburtstagsgedichte diese liebe oft

---

[1] Ex P. I. 2, 73 ff. [2] Am. II., eleg. 1, 3. 17, 1—4. [3] Am. II., 5. III. 4, 41. [4] II., 9. 10. [5] Am. II. 4, 1 ff.

im lichte jugendlichreiner schwärmerei erscheinen lassen, so ist sie doch arg befleckt. Ov.'s gleichzeitige vertraulichkeiten mit der zofe Cypassis und anderer umgang mit hetären, Corinna's eigene untreue, ihre gefallsucht und laune beunruhigen sie mit zärtlichen oder zürnenden vorwürfen; Corinna unterbricht ihre schwangerschaft, ohne dass Ov. darüber ernst gemeinte worte der entrüstung findet; bald feurig bald spröd versteht sie den dichter, der sich von ihr zu seinem schaffen angeregt fühlt, immer wider zu fesseln. (¹) Stellen die elegieen den jungen Ovid oft wie verloren im lüderlichen treiben dar, so verrathen sie doch auch seine zeitweilige unzufriedenheit mit sich selbst. Aber die umkehr ist noch nicht ernstlich. Wie Catull lange vergeblich von seiner unseligen, nur sinnlichen liebe zur lasterhaften Clodia zu genesen wünschte, gesteht auch er: »Ich fliehe die nichtswürdigkeit, den fliehenden zieht die schönheit zurück. Wohl heg' ich abscheu vor den vorwurfsvollen sitten; nur den leib lieb' ich.« (²) Überraschend wirken dann andere für den damaligen sittlichen zustand Ov.'s höchst bedeutsame worte. »Harter ehemann«, sagt er, »du richtest nichts aus mit dem wächter, den du dem zarten weibe gegeben: jede muss sich durch ihre eigne sinnesart schützen. Nur die ist wirklich keusch, die keusch sich hält, wenn sie auch nichts zu befürchten hat und aus achtung vor dem sittengesetz kein unrecht thut. Mag eine auch den leib rein bewahren, ihr sinn aber ist ehebrecherisch, so kann sie weder bewacht werden, falls sie nicht will, noch kannst du den leib bewahren, verschlössest du auch alles. In ihrem innern wird der ehebrecher sein, obschon alles ausgeschlossen ist. Wer sündigen darf, sündigt weniger. Die freiheit grade macht der bosheit samen kraftloser.« (³) Indess, wie wendet Ov. diesen trefflichen ausspruch über das wesen der schuld an? Den ehemann fordert er damit auf zu sträflicher nachsicht gegen sein

---
¹) Am. I., 11.12. II., 6. 7. 8. 10—13. 17. III. 1, 49. Ars am. III., 538. Trist. IV. 10, 59.
²) Am. III., 11.
³) Am. III., 4. übereinstimmend mit Properz, Eleg. II., 6. Quos igitur tibi custodes ff.

buhlerisches weib! Aus dem satze: »Nach dem verbotenen
gelüstet es uns immer«, folgert er bloss, dass man sich vergeblich bemüht der bösen neigung widerstand zu leisten. Die
ehe überhaupt bespricht er in dieser periode noch in der
leichtfertigen auffassung seiner zeit. Allzu bäurisch und übel
vertraut mit den bekannten sitten der stadt nennt er den
mann, den seine ehebrecherische frau ärgert. Liebt dieser
sie, so glaubt er entweder den anklagen nicht, oder er macht
sich durch grämen unglücklich; ist sie ihm aber gleichgültig,
nun so kümmert er sich wenig um ihre treue oder lässt sich
leicht von ihren thränen und lügen bereden. Auf jeden fall
übt er, wenn er verständig ist, nachsicht. ([1])
Gar sonderbar klingt dagegen der ton der 14. elegie
des dritten buches. ([2]) Wir wissen aus el. 13, wo ein fest
der Juno in Falerii beschrieben wird, dem er beiwohnte,
weil seine frau dort her war, dass Ov. jetzt verheirathet ist.
Hier nun richtet er die flehendsten bitten an seine geliebte
oder frau, ihr zuchtloses leben wenigstens so weit zu beschränken, als die rücksicht auf anstand und ruf erfordere;
nachsichtig und liebevoll wolle er ihr dann gern verzeihen.
Auf das schmerzlichste bewegt ruft er aus: »Wenn du deinen ruf nicht schonen magst, schone mich wenigstens. Ich
verliere den kopf und vergehe, kalter schweiss überströmt
mich, so oft du von deinen fehltritten gar noch redest, liebe
und hass mischen sich in mir, und ich wünschte sammt dir
todt zu sein.« So schreibt wahrlich nicht der für seine untreue maitresse noch glühende dichter. In der betreffenden
frau kann nach anderen äusserungen weder ein mädchen
der Subura noch eine an einen andern verheirathete geliebte
Ov.'s erkannt werden. Nimmt man dazu Trist. IV. 10, 69:
»Fast war ich noch ein knabe, als mir ein unwürdiges und
unnützes weib gegeben wurde, welches nur kurze zeit verheirathet blieb«, und beachtet die art, wie er dann dieser

---
[1]) Am. II. 2, 51 ff.
[2]) Ähnlich wie Tibull III., eleg. 4. aus wirklichen ehelichen verhältnissen
heraus gedichtet ist. Gruppe, Röm. elegie, I., p. 372. macht hier Ov. den
vorwurf, nicht der schwäche, sondern der gemeinheit, als ob er dem weibe
alles zugestanden, nur um auch sein theil genuss zu retten!

seine zweite frau gegenüber stellt als eine, »die wenigstens vorwurfsfrei gewesen«, so ist die vermuthung gerechtfertigt, dass Ov. bei seinen vielen liebeshändeln einmal in den schlingen einer ausschweifenden frau gefangen worden und durch erschütternde erfahrung über die verwerflichkeit seiner leichtfertigen jugendansichten zur erkenntniss gekommen ist. In den Amores haben wir den naiven ausdruck der stimmungen seiner üppigen jugend gefunden und die stätten gesehen, wo er der menschen herzen und sitten mithandelnd kennen lernte. Als ausgesprochener gegenstand des gedichtes tritt uns nun die buhlerische liebe in der Ars amandi und den Remedia amoris entgegen. Wir folgen dem dichter nicht in die höchst lebendigen schilderungen aus dem demi-monde des alten Rom; nur seine sittliche persönlichkeit sollen sie uns kennen lehren.

Selbst diese liebe zeigt sich geistig belebt, vom reiz weiblicher anmuth mehr noch als von dem körperlicher schönheit unterhalten. Oft berührt sie sich so eng mit der wahren liebe, als vermischten sich beide in Ov.'s vorstellung. Gleich seinem freunde Tibull äussert er gegen bezahlte liebe stets den lebhaftesten widerwillen, während er für ein uneigennütziges grisettenverhältniss schwärmt. ([1]) Das beste mittel den mann zu fesseln, meint er, ist liebenswürdigkeit und bildung, ebenso wie auch des mannes geistige überlegenheit, sofern sie in der beredten sprache des herzens spricht, sich dem liebenden weibe gegenüber sehr geltend macht. ([2]) Unvermerkt dehnt sich des schilderers urtheil über alle frauen aus, deren sinnlichkeit in ihren tausend listen er auf wahrhaft mephistophelische weise aufspürt und in ihrem psychologischen zusammenwirken mit der eitelkeit offen legt. ([3]) Was diese bücher über die natürliche anlage des weibes sagen, lässt die eigenthümlichkeit aller ovidischen frauengestalten begreifen. Diese leidenschaftliche sinnlichkeit des weibes in der dichtung ist aber nur der wiederhall einer wirk-

---

[1]) Ars am. I., 453 ff. II., 161 ff. Am. I., 10. [2]) II., 99 ff. 501. Her. VI., 94. [3]) A. a. I., 659—678. 705—722. 469—482. 269—276. 347. 348. 613. 614. 623. 627. 359. 365. II., 437. 373—386. 489. Medic. form. 31. 32.

lichkeit, wo auch die matronen weit häufiger solche »καλὰ ϑεήματα« waren, vor welchen Simonides im Frauenspiegel und Plutarch in seinen Ehelichen Ermahnungen warnen, statt jenen hochachtbaren wächterinnen häuslicher tugend und erziehung zu gleichen, von denen Tacitus spricht. ([1])
Die jungen männer, welche Ov. in verkehr mit den hetären setzt, erscheinen als grossstädtische genussmenschen ohne kraft und frische, ohne treu und glauben. Was für ein süsser complimentirer wird aus diesem verliebten Römer, dessen ganze kunst darin aufgeht ein eitles frauenherz sich willig zu machen! Die bemerkung Rousseau's in seinem brief an d'Alembert, dass die männer in der liebe nur auf kosten ihrer freiheit den widerstand besiegen können, welcher den frauen von natur zufällt, weist auf den grund der ungünstigen, dienenden rolle des liebhabers bei Ov. Man darf in jenen schilderungen weder selbstbekenntnisse des dichters suchen noch irgend welche zustimmung zu der gezeichneten sittlichen haltung des mannes. Man bedenke, dass Ov. zur zeit der herausgabe des Liebeskunst im 41. lebensjahr stand und mit seiner dritten frau die glücklichste ehe führte; längst war er aus der persönlichen beziehung zu den in diesem werke geschilderten kreisen getreten und hielt bei seiner arbeit nur den gesichtspunkt des künstlers und moralisten fest. Es durfte die jugend, welche ihm hier zum gemälde sitzen sollte, keine andern züge tragen, der mangel an idealität musste in ihren augen zu lesen sein, die nur in schlauer lüsternheit zu glänzen wissen. Wem entgienge das in der erinnerung an eine überwundene zeit zufriedene lächeln Ov.'s, wenn er die gelungene zeichnung des schmachtenden jünglings mustert, der im Circus sich an das geputzte mägdlein heranmacht oder im boudoir unter den launen der gebieterin seufzt! Man höre seine verständigen rathschläge für den unglücklich liebenden, wie er ihm thätigkeit empfiehlt und vor weichlichem hinträumen in der einsamkeit oder vor erschlaffenden genüssen warnt: nur dem schwächling bleibt kein anderes heilmittel als der ekel der übersättigung.

---

[1]) Dial. de or. 28.

Auch die edleren richtungen der liebe finden in unserem dichter den mannichfaltigsten ausdruck. Wie er dem ausgelassenen Amor zu dienen weiss, so führt er den griffel auch wieder für die lautere macht der liebe in der jungfrau, für ihre würde in der gattin, für den zwiespalt ihrer leidenschaft mit dem scham- und pflichtgefühl; selbst der keuschen unerfahrenheit des mädchensinnes widmet er einige blätter. Freilich könnte es von vornherein seltsam erscheinen für eine zeit so tiefen verfalles nach dichterischen zeugnissen einer keuschen auffassung sittlicher verhältnisse zu suchen. Aber das •beatus ille• ertönt eben aus dem munde des wucherers Alfius. In der römischen empfindungsdichtung erhält reine liebe selten ausdruck. Horaz hat im rahmen seiner kleineren liebesoden nach griechischen mustern anmuthige schilderungen der in treuherziger natürlichkeit sich hingebenden liebe geschaffen, für mädchenhafte unschuld aber findet sich bei ihm kein platz. Um so beachtenswerther ist es, dass unser frauenkenner immerhin etliche skizzen idealer frauengestaltung hinterlassen hat. Nymphen und mädchen der sage waren zu solcher geeigneter als hauptgöttinnen, deren grundgedanken und attribute zu bestimmt gegeben waren, ganz abgesehen von der neigung Ov.'s zu launiger benutzung der volksgötter.

In Daphne ([1]) begegnen wir einer der ovidischen darstellungen schamhafter jungfräulichkeit. Unbekümmert um liebe und hochzeit, wie eine rubens'sche jägerin weibliche anmuth mit geübter kraft paarend liebt sie die einsamkeit, nicht zu träumerischem spiel, zu rüstiger jagd eilt sie in hochaufgeschürzter tunica; reizend unschuldiges erröthen übergiesst ihre wangen bei des vaters drängen zu einer wahl. Noch nach ihrer verwandlung weicht sie als lorbeer zurück vor dem kusse des in seiner verfolgung einhaltenden Apollo. Ähnlich wird die arkadische jungfrau Kallisto ([2]) geschildert. •Ihr werk war es nicht wolle zupfend zu lockern oder die haare anders sich zu scheiteln, sondern wann die spange das kleid und das weisse kopfband die nachlässig zurück-

---

[1]) Met. I., 474 ff. [2]) II., 411 ff. Vergl. Properz IV., 14.

gestrichenen haare zusammenhielten, war sie bald den jagdspeer in der hand bald den bogen, die begünstigte streiterin Diana's.« Ov. verbindet also in seinem ideale rüstige jugendfrische mit naiver unschuld und verbannt aus ihm den kleinlichen sinn gewöhnlicher Römerinnen, die einzig um die leibesschönheit sich bemühten. Einen köstlichen ausdruck jungfräulicher unschuld finden wir auch in Proserpina ([1]) dort, wo sie veilchen und lilien mit den gespielinnen pflückt. In kindlichem wetteifer füllt sie körbchen und kleidbausch, fröhlich in der frühlingsschönen natur des kühlen haines mit tiefem see, auf dessen gleitenden wellen schwäne singen. Mitten im schrecken über den entführer und dem rufe nach der mutter betrübt sie sich noch über den verlust ihrer blumen, als sie dem kleide entfallen. Diese geschickt zum gemälde harmlosen mädchensinnes verarbeiteten züge des mythus lassen kaum noch an dessen natursymbolischen grund denken. In Metam. X., 560 ff. beschreibt Ov. das erwachen jungfräulicher liebe. Jeden commentar zu dem selbstgespräche Atalanta's ([2]) macht des dichter's eigene bemerkung überflüssig: »Sprach's und noch unerfahren, zum ersten mal von Cupido berührt liebt sie, ihres thuns unkundig, und merket nicht die liebe.« Wenn Hippomenes auf den rath der Venus beim wettlauf die goldenen äpfel in die bahn wirft, so erscheint dies eingreifen der göttin fast als ein überflüssiges zugeständniss an die sage, denn die zarte schilderung des seelenvorganges hätte genügt um den ausgang zu erklären. Es fehlt auch nicht an jünglingen, welche noch nicht wissen, was liebe ist. Aber in den erzählungen dieser art nimmt die schilderung der naivetät einen etwas gekünstelten ton an, wozu kommt, dass die lebhafte beschreibung der verwandlungen mehr als gewöhnlich das interesse in anspruch nimmt. Im Hermaphroditen ([3]) und im Narciss ([4]) ist die empfindungsäusserung zwischen Salmacis, bezüglich Echo und ihren spröden geliebten wenigstens nicht die hauptsache; dort drängt die begierde der weichlichen quellnymphe zur sinnlich lebendigen beschreibung der schönheit des ju-

---

[1]) V., 385 ff. [2]) v. 611 ff. [3]) Met. IV., 271—388. [4]) M. III., 340—509.

gendlichen körpers, hier kommt die psychologische zeichnung zu keiner inneren wahrheit.

Die reinheit der jungfrau wird wie vom standpunct des künstlerisch schönen so von dem des sittengesetzes als forderung anerkannt. »Durch keine kunst ist die verletzte schamhaftigkeit zu ersetzen: nur einmal geht sie verloren.« Schmachvoll wird die durch gold erkaufte liebe eines freien weibes genannt. (¹) Für schimpflich gilt die unkeuschheit des unverheiratheten mädchens, die keusche hochzeitsfackel muss den bund weihen und heiligen. (²) Das schamhafte sittliche zartgefühl ist auch für Ovid ein unveräusserlicher theil der frauenwürde, welcher noch während der ehe in geltung bleibt. Denn jene vereinzelten früheren äusserungen über das gattenverhältniss erhalten ein anderes licht, wenn wir Ov. sich später in der ehrbarsten weise über die ehe aussprechen hören. Mit den worten aus den Heroiden: »Schönheit wischt die schmach des ehebruchs nicht aus (³) stimmt wieder der satz aus der Liebeskunst: »Die verheirathete frau soll ihren mann fürchten: es sei gültig die überwachung der gattin. Das geziemt sich, so befehlen es die gesetze, das recht und die sittliche scheu.« (⁴) Indessen liegt der gedanke nah, das Ov.'s klugheit sich zu derartigen verwahrungen veranlasst gesehen habe durch die rücksicht auf die schwächlichen versuche des Augustus der eingerissenen unsittlichkeit auf dem wege der gesetzgebung zu steuern. Weit sicherer als durch vereinzelte äusserungen wird sich der auf dem alter des dichters ruhende vorwurf offen den ehebruch gelehrt zu haben niederschlagen lassen durch die betrachtung der art, wie jener in seinen werken das gattenverhältniss geschildert hat. Eheliche liebe ist wenig für den dichterischen verbrauch geeignet, denn in der besonnenen bethätigung derselben verliert das weib an poetischem interesse zum gewinn ihrer sittlichen würde. (⁵) Es kann daher nicht überraschen, wenn Ov. diese empfindung im augenblick ausserordentlicher erregung für seine darstellung zu fassen liebte.

---

¹) Her. ep. V., 104. 140. ²) H. ep. VI., 133. ³) V., 125. ⁴) III., 613—616. ⁵) S. Vischer, Ästh. § 323.

In der berühmtesten Heroine der treuen gattenliebe, Penelope, konnte Ov. natürlich nicht umhin das von Homer gegebene gepräge anzunehmen, und doch wusste er von der eigenthümlichkeit seines geistes soviel beizumischen, dass seine Penelope keineswegs ein blosser abklatsch jenes allbekannten bildnisses ist. Die epische P. zeigt bei aller zärtlichen gattentreue die tugenden des antiken weibes, fleiss, besonnenheit, eine gewisse verstandesmässigkeit und natürliche unterordnung unter den mann, sie lässt uns neuere jede empfindsame und stürmische zärtlichkeit vermissen. Ov. glaubte dem ausdruck dieser liebe noch einen besonderen reiz durch kunstvolle mischung der empfindungen geben zu müssen. Hoffnung wechselt mit angst, selige ruhe der erinnerung weicht eifersüchtiger besorgniss, die sehnsucht nach dem gemahle steigert sich durch den hass gegen die freier, ihre liebe bedarf der rache an den feinden. Diese lyrische Penelope, voll pietät für den gatten und den vater, voll sittsamer scham, in eingebildeten gefahren sich ängstigend um den entfernten, in spielenden umkehrungen desselben gedankens und respondirenden distichen sich gefallend, wortreich und klug raisonnirend nähert sich weit mehr euripideischer art, als sie sich der epischen auffassung anschliesst.

Setzen wir neben diese jugendarbeit das bild einer matrone, das in den Fasten ([1]) bei gelegenheit des jahrestages der vertreibung der könige entworfen wird. So keusch wie die darzustellende gattin Lucretia hält sich auch die erzählung, in welcher man gern eine huldigung des künstlers und des menschen an die nationale tugend erblickt und das entzücken begreift, welches Dan. Heinsius ob dieser Lucretia erfasste.

~ Galt Penelope von je als typus der gattentreue, so ist Lucretia das vorbild der frauenehre. Wenn auch nur fürstliche gewaltthat das ehebett geschändet hat, so kann doch die selbst schuldlose nicht länger am leben bleiben, damit nie ein weib sich für ihre zuchtlosigkeit auf des Collatinus gattin berufe. Kein dichter hat von diesem grundgedanken

---

[1]) II., 741 ff.

abzuweichen gewagt. Während in der livianischen darstellung ([1]) natürlich das interesse des geschichtschreibers überwiegt, welches die individualitäten nur in dem maasse ihres einflusses auf die staatliche entwicklung hervortreten lässt, gebrauchte Ovid die freiheit des charakterschilderers und seine ihm vielleicht nicht völlig bewusste eigenthümlichkeit in auffassung der frauennatur. Für Livius ist Lucretia ein beleg altrömischer frauentugend und zugleich der nichtswürdigkeit des königlichen hauses, vor allem wird ihr schicksal veranlassung zur befreiung des vaterlandes. Das in markigen strichen gegebene geschichtsbild Rom's hat für die in kleinen zügen liebevoll ausarbeitende art zu malen keine stelle, während bei Ovid gerade die politische bedeutung des ereignisses zurücktritt gegen die absicht eine volksthümliche that zu feiern durch künstlerische benutzung zu einem sorgsamen seelengemälde, in welchem die familie, die liebe der gatten, die tugend des weibes die aufmerksamkeit beschäftigen.

Blondhaarig, von schneeiger hautfarbe, spinnt die ovidische Lucretia von fleissigen mägden umgeben selbst die feine wolle und treibt mit zarter stimme die dienerinnen an: »Schnell, schnell, ihr mädchen! Möglichst bald muss der von unsrer hand gefertigte mantel dem herrn geschickt werden. Was hört ihr doch? Denn euch kommt mehr zu ohren. Welch stück arbeit, sagt man, bleibt noch vom kriege übrig? Besiegt wirst du später doch fallen; besseren widerstehst du, böses Ardea, das unsre männer fern zu bleiben nöthigt! Wären sie nur wieder daheim! Aber meiner freilich ist verwegen und stürzt in jedes blosse schwert. Ich komme von sinnen und vergehe, so oft des kämpfers bild sich naht, und eisige kälte zieht mir durch die brust.« Die thränen brechen ihr hervor, und den gespannten faden lässt sie locker und senkt das haupt in ihren schooss. Das stand ihr grade gut. Die verschämten thränen machten sie reizend, und ihre erscheinung war ihres sinnes würdig, ihm entsprechend. Im selben augenblick ertönen aus dem munde

---

[1] I., 58.

des so zärtlich geliebten Collatinus die worte: »Lass fahren alle furcht, da bin ich.« Und aus ihrem sinnen bei dieser überraschung auffahrend hängt sie als süsse last am hals des gatten.« — Gibt es in einem alten dichter eine schönere scene glücklichen familienstilllebens als diese? Wie reift aber in solch zarter Lucretia, welche vom krieg nur die wirkung auf ihre häuslichkeit und den eingriff in ihre herzensangelegenheit erfasst, der heldenmuth mit dem tode ihre gattenehre zu besiegeln? Die todesscene hat bei Livius ein einfach grossartiges gepräge. Keinen augenblick schwankt Lucretia, was sie zu thun habe. Die freunde des hauses lässt sie feierlich schwören den frevel zu ahnden, und mit dem dolchstosse beginnt die politische handlung. Ov. lässt Lucretia am morgen nach der nacht ihrer schmach die männer des hauses aus dem lager rufen; ihren fragen nach dem unglück setzt sie lange schweigen entgegen, das von scham erglühende haupt im gewande verbergend und heisse thränen vergiessend. Auf das trösten und drängen der ihrigen gelingt es ihr erst nach dreimaligem versuche das geschehene unter klagen und mit gesenktem blicke zu erzählen, das letzte aber vermag sie nur errathen zu lassen. Sie bittet um die verzeihung, die sie sich selbst verweigert und durchstösst sich dann rasch mit dem verborgen gehaltenen messer, noch im fallen auf wahrung des anstandes bedacht.

Zwar hat auch Lessing einen ähnlichen stoff so behandelt, dass er die geschichte des römischen frauenopfers der willkür von all dem absondert, was sie für den ganzen staat interessant machte, »weil er den stoff für sich tragisch genug hielt, wenn auch gleich kein umsturz der ganzen staatsverfassung darauf folgte« (¹): zeigt uns Ov. aber bei demselben verfahren nur das in seiner schamhaftigkeit verletzte weib, wo wir die heldin erwarten, die sich bewusst keiner verzeihung, nur der rache zu bedürfen und zum tod entschlossen sich erhaben fühlt über die erlittene unbill, so dünkt er uns die haltung Lucretia's vor den ihren nicht hochsinnig genug gefasst zu haben. Die letzte that überrascht, weil die psy-

---

¹) S. Lessing's brief an Nicolai vom 21. Jan. 1758.

chologische vermittlung zwischen der zartheit jenes innigen wesens und der kraftvollen schlusshandlung vermisst wird. Ov. hat seiner Lucretia den anhalt an die männlichen grundsätze jenes alten Rom's entzogen und gibt nicht einen charakter, sondern ein gefühlswesen, eine für ihn bezeichnende auffassung, der noch Valerius Maximus sich entgegenstellt, indem er von »der führerin der römischen keuschheit« bemerkt, dass ihrem männlichen geiste durch einen boshaften missgriff des schicksals ein weiblicher körper zugefallen sei. (¹) Wenig erfolgreich hat aber die neueste behandlung des stoffes durch zusammenschweissung der ovidischen Lucretia mit der livianischen jene schwäche Ov.'s zu vermeiden gesucht. (²)

Ausgesprochener maassen soll die gattentreue auch in der erzählung Alcyone und Ceyx gefeiert werden. (³) Sie wird in stunden tiefster erregung gefasst. Zwar nöthigen die zärtliche besorgniss um den drohenden und der verzweifelte schmerz über den eingetretenen verlust des gatten zum ausdruck gesteigerter empfindungswärme, aber das ganze eheliche verhältniss ist doch mehr das eines leidenschaftlichen liebespaares. Der schmerz wie die liebe ist sinnlich heftig und will sich auskosten.

Der abschnitt Metam. VII., 690 ff. fordert besonders die aufmerksamkeit heraus. Ov. hat zwei verschiedene sagen in das leben des einen ehepaares gesetzt, nämlich die treuprobe und den tod der Procris; auffallend ist sodann der umstand, dass das stück v. 796—862 schon in der Ars am. III., 685—746 ganz ähnlich erzählt ist, ausgenommen dass in der älteren fassung Procris noch im Gebüsche lauschend, freilich auch zu spät, ihren irrthum einsieht. Wiederholung und combinirung können hier nur aus der moralisirenden richtung des dichters von Sulmo erklärt werden, man müsste denn vorziehen Ov. als selbstgefälligen erzähler hinzustellen, der gern seine eignen schriften plündert, sobald sich nur ein passender anknüpfungspunkt für eine alte ge-

---

¹) Exempl. memor. l. VI., 1. ²) S. A. Lindner, Brutus und Collat. Berlin 1866, act III., scene I. ³) Met. XI., 410—748.

schichte findet. (¹) Wir erblicken hier eine weitere dichterische äusserung Ov.'s über seine auffassung der ehelichen liebe; nicht im lehrton, wohl aber durch wahl und behandlung des stoffes trägt der ächte dichter seine sittlichen überzeugungen vor. Die eheliche liebe tritt in Procris und Cephalus fast nur als eifersüchtige zärtlichkeit auf; es herrscht kein anderes verhältniss als das zu einer theuren concubine etwa. Vertrauen und gegenseitige gleichschätzung fehlen den gatten. Dem Cephalus wird die rolle des tactlosen eifersüchtigen zugewiesen. Durch verkleidung unkenntlich gemacht führt er sich bei seiner daheim sehnsüchtig harrenden gattin ein, sucht sie zu verführen, sieht aber seine künste an der tugend des jungen weibes scheitern. Jeder hätte sich an der probe genügen lassen, allein der wicht treibt das frevelnde spiel weiter, bis endlich Procris doch von den lockungen der versprochenen geschenke zum wanken gebracht ist. Da entdeckt er sich als entrüsteter eheherr. Schamübergossen flieht jene die tückische stätte und trägt ihr zerfallenes gemüth in die einsamkeit der berge, wo sie unter dem schutze der schwester des gottes der ethischen reinigung gesundung sucht. Endlich erlangt der reuige Cephalus ihre verzeihung; aber wie unzart frischt die wendung seiner abbitte die erinnerung an das geschehene auf, wie plump sucht er die inneren vor-

---

¹) Der flug des Dädalus und Icarus wird zwar auch zweimal erzählt, aber Met. VIII., 183—235 liegt die absicht in der antiken lebensregel des maasses, welche in geistreich deutender wendung dem Dädalus bei den ermahnungen an seinen sohn in den mund gelegt wird (s. v. 203—206), während die elegische fassung ihre stelle in der einleitung des zweiten buches der Liebeskunst dem hinweis auf die schwierigkeit dieses dichterischen unternehmens verdankt, wie aus den anfangs- und schlussversen erhellt (v. 17—20, 97—99). So trägt auch die wiederholung des raubes der Proserpina in den Fasten IV., 417—618 als die darstellung der segnenden hülfsbereitschaft göttlicher mutterliebe ein wesentlich verschiedenes gepräge von der idyllisch-erotischen erzählung in den Met. V., 385—401. Der fall Callisto's gipfelt Met. II., 401—530 in der strafe für die obschon nur durch die gewaltthat des gottes verlorene jungfräulichkeit, während Fast. II., 155—188 die sage rasch erzählt, weil sie eben zu dem sternbild gehört. Andere wiederaufnahmen sind fortführungen des anderwärts abgebrochenen stoffes, z. b. Ariadne.

würfe der **Procris** durch den gedanken an die macht der geschenke zu beschwichtigen! Nur weil er sinnlich liebt, sucht er wieder das alte verhältniss herzustellen. Aber einmal erschüttert hat dieses nun nach dem verlauf der ovidischen erzählung auch wirklich keinen bestand. Das benehmen des rohen **Cephalus** rächt sich dadurch, dass er den glauben an eine mögliche untreue seinerseits in das bisher arglose, wenngleich schwache herz der **Procris** geworfen, deren sinnliche lebhaftigkeit den qualen der eifersucht um so gewisser erliegt.

Folgen wir Ov. noch an der thüre des trefflichen alten wittwers **Hyrieus** ([1]) vorbei in die niedrige, doch saubere hütte des greisen ehepaares **Philemon** und **Baucis**. ([2]) Aus der sorgfältigen ausführung und vollendeten einheit dieses gemäldes der tugendreichen haushaltung der alten leutchen sieht man mit wahrer herzensfreude die hingabe an den stoff und die dadurch erhöhte schöpferlust des dichters. Es verräth sich darin die leise stimme der sehnsucht nach solchem, im engen kreise des häuslichen lebens errungenen frieden des gemüthes, nach solch stillem eheglück, das den beiden alten, nachdem sie einträchtige jahre verlebt, die gleiche sterbestunde erwünscht macht. Es ist keine, wie die verse über das goldene zeitalter, im traum halb wehmüthig halb kindlich lachende phantasie über nie gewesene zustände, sondern der sinnende dichtergeist lässt mit der einen hand in die saiten des vollen menschenlebens greifend, mit der andern in das, was nach **Grimm** den urgemeinschaften unserer mythologie beizurechnen ist, die reine harmonie des ewig sittlichen erklingen.

Wir sehen, die eheliche liebe ist bald rein und treu, bald unruhig und eifersüchtig, meist mit einer neigung zum empfindsamen und leidenschaftlichen aufgefasst. Es bieten uns weiter die schilderungen des treulos verlassenen weibes werthvolle zeichnungen ovidischer frauenköpfe als studien für den ausdruck des menschlichen wesens in sittlichen verhältnissen.

Circe's worte: »Laesaque quid faciat, quid amans, quid

---

[1]) Fast. V., 495—535.   [2]) Met. VIII., 622—727.

femina disces« (¹) lassen den sturm von empfindungen ahnen, der das unglückliche herz durchwogt, wenn es in seinen rechten gekränkt und in seiner eitelkeit auf's tiefste verletzt wird. Ovid erkannte zeitig die ausgiebigkeit dieses vorwurfes. An vielen gestalten der sage sich übend veredelte er seine kunst und wurde von hier aus einer der bedeutendsten dramatiker Rom's. Den ersten versuch der art bietet epistel V. Oenone macht dem ungetreuen Paris vorwürfe wegen Helena's. Ihr selbstbewusstsein lässt sie nicht auf den anspruch verzichten auch seine fürstliche gemahlin zu sein. In sehnsüchtiger erinnerung schwelgt ihre treue, sucht aber durch rachedrohungen und eine fluth von wenig ehrenden beiwörtern die neue liebe dem Paris zu gunsten der rückkehr zum rechtmässigen ehebett zu verleiden. Quintus von Smyrna (²) gibt zwar seiner Oenone dieselbe heftigkeit der empfindung, aber er übertrifft den geschmackvolleren schriftsteller durch die steigerung einer ärgerlichen gereiztheit zu wahrer leidenschaft verletzter, aber unaustilgbarer liebe. Auch epistel VI., Hypsipyle an Jason, erhebt sich noch nicht zur feiner fühlenden frauengesinnung, obwohl die behandlung schon weit wechselvoller ist. Unverkennbar ist hingegen die sittliche auffassung wie die künstlerische durchführung in Dido fortgeschtitten. (³) Die ovidische Dido ist ganz und nur weib, nicht königin. Weit entfernt den schlechten mann gleich der vergil'schen mit ihrer verachtung, ja mit ihrem fluche aus dem herzen zu reissen, richtet sie ihre anklagen mehr gegen sich selbst als gegen den verräther, indem sie sich ihre leichtgläubigkeit vorwirft und als strafwürdige schuld die verletzung der weiblichen schamhaftigkeit bejammert. Die reuevollen gedanken ihres also selbstquälerischen gewissens suchen sich aber wieder zu vertheidigen, und wünscht sie jetzt die vergangenheit ungeschehen, so sucht sie doch Aeneas zurückzuhalten, will ihm wenn nicht als gemahlin, gar als dienerin treuliebend sein. Alle strafe aber

---

¹) Met. XIV., 384. vergl. Eurip. Med. 265. 266. ²) Im X. gesang seiner Posthomerica. ³) Her. ep. VII.

stellt sie nur dem gewissen jenes anheim; sein treubruch möge ihn warnen vor der tücke des meeres, in der noth des sturmes müsste sich ihm der gedanke an das trostlose, verrathene weib vordrängen und jeder blitz ihm ein rächer seiner schuld dünken. Vergil hat durch lebensvolle handlung den ausdruck der wechselnden empfindungen kräftiger zu machen gewusst. Von der gluth ihres hasses hat seine Dido der ovidischen nichts geliehen, während in den weicheren gemüthsstimmungen beide darstellungen eine auffallende verwandtschaft der gedanken darbieten. (¹) Fr. Vischer findet das sentimentale in der ersteren »weit zu stark für das heldengedicht« (²); Ovid trifft kein vorwurf, da die verschiedene dichterische gattung ihm volle freiheit gewährte das nach innen leben seiner nicht im naturband des heroenthums befangenen lyrischen gestaltung im geist und geschmack seiner zeit auszubilden.

Eine ausserordentlich feine kunst ist auch auf darstellung des seelenschmerzes in Ariadne (³) verwandt, und zwar ist die schilderung meisterhaft vom erwachen der jungfrau auf einsamem lager an, dann während des ausschauens nach Theseus am strande nur durch den fortschritt der handlung motivirt, als wenn Ov. selbst bemüht gewesen wäre den vortheil der epischen gattung auch für seine gestaltung anzuwenden. Nachdem die gewaltsame empfindung während der überraschung durch den verdacht von der leiblichen äusserung übergegangen ist zur seelischen bei der gewissheit des verrathes, und nach den beruhigenden thränen die betrachtung raum gewonnen, sucht Ariadne durch die schrecken ihrer einbildungskraft, nicht durch schimpf und vorwurf zu bewegen, ja sie sieht es geradezu auf rührung ab durch den hinweis auf den sinnlichen anblick ihres schmerzes. Stolz und unwille brechen, mit zitternd ausgestreckten armen fleht sie um rückkehr zur alten liebe als um eine gnade. In den Fasten (⁴) nimmt Ariadne als lagerge-

---

¹) Diese ähnlichkeit geht so weit, dass in 19 stellen nicht nur der gedanke, sondern vielfach die wendung, ja der ausdruck übereinstimmen.
²) Ästh. § 875. ³) Her. ep. X. ⁴) III., 459—516.

nossin des Bacchus selbstverständlich nicht mehr dasselbe psychologische interesse in anspruch wie dort in ihrer liebe zum auserkorenen irdischen manne; Ov. gibt ihr hier mehr in der launig redseligen weise des kalendermannes einen abschluss, weniger auf eine versöhnende durchführung der individuellen gestalt bedacht. Oenone und Hypsipyle schmähen, Dido erliegt duldend ihrer verzweiflung, Ariadne tröstet sich: Medea, bei allen dichtern das weib von riesengrosser leidenschaft, soll sich rächen ohne zu sterben. Seneca machte aus ihr ein mannweib, das den genossenen stoischen unterricht in stelzenden sentenzen für ihre empfindungsäusserung verwendet und zum andern als zauberin sich furchtbar macht. Corneille kehrte in ihr besonders die eifersüchtige hexe hervor. Euripides verstand durch seine kenntniss des ächten tragischen ἔλεος und φόβος aus der tiefe ihres schmerzes die grösse ihrer rache begreiflich zu machen. Bei Ovid ist Medea (¹) als weib von mächtig überwiegendem gefühlsleben angelegt, bei dem sich alle thatkraft auf der seite sammelt, nach der einmal die empfindung den ausschlag gegeben hat. Die jungfrau kommt dem hülfsbedürftigen fremden mit ihrer liebe entgegen. Umsonst ist ihr sehnen nach der friedlichen vergangenheit. Über alle gedanken an die pflicht gegen vater und land, an heimath und familie reisst sie schliesslich die bisher ungekannte macht hinweg. Mit geheimem bangen nimmt sie die schwüre des schüchtern coquetirenden Jason auf und reicht ihm schlicht, ohne schwall über ihre übernatürliche macht die schützenden mittel. Es erklärt sich aus der stellung des stückes in den verwandlungen, wenn nach erzählung der flucht Ov. die charakterschilderung aufgibt und bloss noch das wundersame treiben der zauberin hervorhebt. Da sonderbarer weise die rache an Jason ganz kurz in vier zeilen abgefertigt wird, und der XII. brief der Heroïdes nach situation und psychologischer zeichnung dem ovidischen genius durchaus angemessen ist, neige ich trotz anderer bedenken zur annahme der ächtheit

---

¹) Met. VII., 1—424.

dieses briefes. Derselbe lässt die liebe Medea's nach dem verrath nicht untergegangen sein im dämonischen hasse, er fasst Medea, die ihren jammer noch als sühne ihrer schuld empfindet, die armseligkeit ihrer künste gegen die gewalten des menschlichen gemüthes bitter belacht, und mutter und gattin zu sein nicht aufgehört hat, in dem zeitpunkt, wo der schreckliche rachegedanke erst zu dämmern beginnt, so dass die wahnwitzige unholdin uns entzogen bleibt. Kaum erscheint es auch hiernach wahrscheinlich, dass Ov. das horazische: »Sit Medea ferox invictaque« für seinen dramatischen charakter befolgt hat, besonders wenn wir die vv. 59. 60. aus den Remed. am.

»Nec dolor armasset contra sua viscera matrem
Quae socii damno sanguinis ulta virum est«
als fingerzeig für seine auffassung nehmen dürfen, dass Medea auch in der tragödie den kampf des eifersüchtig liebenden weibes mit der mutterliebe kämpft, bevor sie den ungetreuen gatten in seiner vaterstellung schlägt.

Ungeachtet der wahrgenommenen neigung zur milde hat sich Ov. in diesen darstellungen grosser leidenschaft durchaus innerhalb der antiken sinnesweise gehalten. Reue und scham sahen wir in den gequälten gemüthern ringen mit unauslöschlicher liebe und sinnlichkeit, gattenwürde, zorn, rachlust wichen der mutterliebe, der verzeihung, dem gebrochenen stolze: aber vergeblich würden wir in dem heidnischen ausdruck verrathener liebe die demüthigen tugenden suchen, welche die christlichen volksbücher ihren verstossenen zu geben liebten.

Der mutterliebe hat Ovid mehr als ein denkmal gesetzt, das schönste in seiner erzählung des raubes der Proserpina. Nicht sowohl die etwas ermüdende aufzählung der von Ceres beim aufsuchen der tochter durchstreiften gegenden bezeugt die grösse dieser empfindung als vielmehr die dankbare schenkung des ackerbaues an die menschheit und die damit zusammenhängende köstliche episode Fast. IV., 507—562, welche auf die innigste weise die hoheit und milde der trauernden göttlichen mutter ausspricht, insofern Demeter's mitleid das geängstigte irdische elternherz gnadenreich erleichtert und in der begründüng fremden glückes trost für den eignen schmerz findet. Der gesinnung des dichters gehört es an, wenn er den mythus so zu benutzen weiss, dass der beseligende zauber des süssen mutternamens, die lebenspendende kraft des mutterkusses auf das anziehendste gefeiert werden. Den unheimlichen ernst, welchen die ursprüngliche beziehung des Demeter- und Persephonedienstes zum erden- und schattenleben verlieh, hatte natürlich längst die entwicklung der heiligen sage in dichtung und kunst gemildert, ja die ethische ausarbeitung und das einzelne des vorganges lagen dem dichter fertig vor ([1]), doch ist es ovidisch, dass hier eine rein sittliche handlung mit absichtlicher verwischung religiös-symbolischer beziehungen geboten wird.

Nicht unwichtig für den beurtheiler der moral in Ovid ist noch eine reihe von vorwürfen, die wieder dem gebiet der getrübten seelenstimmungen entnommen sind. In Procne ([2]) führt der dichter den streit des muttergefühles mit der rächenden schwesterliebe, ein versuch einmal das grässliche aus der volkssage ungemildert in die lyrische kunstdichtung herüberzunehmen. Ov. meinte die sittliche entrüstung seiner Procne bis zu thierischer leidenschaftlichkeit steigern zu müssen, um die rache durch Itys begreiflich zu machen. Aber so vergeblich heutzutage die rächende Kriemhilt vor dem grossen publicum beifall heischt, so wenig mochte die objectiv gehaltene furchtbarkeit der sage der augusteischen gesellschaft behagen. Weniger abstossend ist ein anderer kampf des mutterherzens in Althaea. ([3]) Die lösung wird nicht wieder durch zerschneidung des conflictes gesucht, sondern gerade die ausbeutung desselben soll das hauptinteresse bilden. Obgleich aber der wechsel der stimmungen der empfindung mehr wahrheit gibt als dort die einseitige gewaltsamkeit des rachebedürfnisses in Procne hat, so sehen wir in diesen und ähnlichen stücken ein ziemlich wirkungsloses streben mühsam erfundene conflicte von pflichten und

---

[1]) S. Preller, Gr. myth. I., s. 463 ff. [2]) Met. VI., 412—676. [3]) M. VIII., 260—525.

gefühlen für darstellung starker gemüthserregungen auszubeuten. Es zeigt sich auch, dass dem dichter bei seiner arbeit das frische mitgefühl fehlte; der schlicht erzählte, von der göttin erhörte fluch über den sohn aus dem munde der epischen Althaea (¹) wirkt ungleich ergreifender als alle die künstelei dieser »dubii affectus« in häufung gesuchter wort- und gedankengegensätze beim lyriker. Selbst die geschürzte erzählung Hygin's (²) hat den vorzug einer sittlicheren und darum wirklich dichterischen auffassung darin, dass sie Althaea das vergehen Meleager's in der verletzung der familienbande um der mädchenliebe willen finden lässt. Weit bedenklicher muss es hingegen scheinen, dass Ov. sich von einigen stoffen hat reizen lassen, die zu dem gewagtesten gehören, was dem nach leidenschaftlichen erschütterungen haschenden publicum geboten werden konnte. In Canace (³) und Byblis (⁴) wird unreine liebe von schwestern zu brüdern, in Myrrha (⁵) blutschande zwischen tochter und vater behandelt. Gerade diese stücke machen es aber augenscheinlich, dass unserem dichter vorzüglich an bearbeitung psychologischer themen gelegen ist. Ihre dichterische schwierigkeit reizte ihn. Umfang und sorgfalt bezüglich der seelenschilderung lassen es auch hier nicht zu in der bloss unterhaltenden erzählung die hauptaufgabe zu finden. Indem Ovid recht absichtlich die liebe Myrrha's zb. als eigenste schuld in die brust derselben setzt, während die volksläufige sage sie als strafe von seiten der durch den übermuth der mutter beleidigten Venus ansieht (⁶), will er diese sittliche verirrung als eine menschliche erscheinung betrachtet wissen. Rom's gesetz und sitte wichen in der verurtheilung der hier dichterisch verbrauchten verbrechen von der heutigen ansicht nicht ab, und Ov. hatte mit dem sittlichen gefühl seiner römischen leser ebenso zu rechnen, wie er es mit dem unsrigen gemusst hätte. Ist es ihm aber gelungen nicht nur durch die lebhaftigkeit der seelenschil-

---

[1] ll. IX., 566—572. [2] Fab. 171: »Amorem cognationi anteposuit.«
[3] Her. ep. XI. [4] Met. IX., 454—665. [5] Met. X., 297—502. [6] Vergl. Hygin, Fab. 58 mit Met. v. 311. 312.

derung, sondern auch durch erregung ausgleichender nebenvorstellungen gegen die unlust aus der anschauung des sittlich verworfenen das wohlgefallen zu erwecken und zu erhalten? Mit bewährter kunst hat er allerdings in diesen kämpfen verirrter sinnlichkeit wider die vernunft des pflichtbewusstseins das interessante herauszufinden und so den stoff dichterisch darstellbar zu machen gewusst. Er zeigt uns nicht niedrige seelen, sondern in der verirrung untergehende, deren bestrafung das sittliche bewusstsein retten soll. Die den frevel zu entschuldigen trachtenden sophismen ringen mit dem bewusstsein der schuld, scham und reue rufen das verlangen nach sühne hervor. Canace, die noch wenigst gelungene gestalt, unterwirft sich dem tödtlichen gebote des empörten vaters, Byblis vergeht wahnsinnig in dem schmerz ihrer verschmähung, Myrrha glaubt durch selbstmord im kampf gegen die leidenschaft zu siegen und kömmt nach ihrer lebensrettung und ihrem falle zu freier einsicht in die schuld, durch welche sie das zusammensein mit den lebenden auf der welt und mit den todten im schattenreich verwirkt habe; darum nur die verwandlung als strafe von den göttern erflehen könne (v. 482—487). Das vergnügen an diesen personen soll sich auf die dauer des streites zwischen den schlechten und den guten empfindungen, auf die gewalt der leidenschaft und die list der sinnlichkeit gründen. Die zeichnung der sittlichen schwäche dieser stark leidenschaftlichen personen erscheint in sich durchaus wahr ([1]), aber freilich fordert die anlage derselben, dass eben der dichter keine charaktere gibt, sondern sinnenmenschen, die in schwierigen lagen zum verbrechen sinken und zermalmt werden, die frage nach ihrer dichterischen berechtigung heraus. Der mensch erscheint hier fast in völliger unfreiheit des durch den elementaren trieb gebundenen willens. Indem das subject sich mehr und mehr in seine leidenschaft verbeisst, wie Vischer das habituellwerden dieser bezeichnet, so dass es sein edleres selbst darin aufzehrt, erscheint das böse im

---

[1] Aristot. Eth. Nic. X., 10: »οὐ γὰρ ἂν ἀκούσειε λόγου ἀποτρέποντος οὐδ' αὖ συνείη ὁ κατὰ πάθος ζῶν.«

übergang vom furchtbaren zum hässlichen. Es sind diese stoffe nicht eine sittliche, nur eine ästhetische verirrung Ov's. Erinnert man sich hierbei einer andeutung Juvenal's über die frauen seiner zeit ([1]), so könnte man in ähnlichen vorkommnissen die veranlassung erkennen, welche unsern dichter aufgefordert haben mochte in ganz besonderer beziehung solche verhältnisse nicht trocken moralisirend, sondern psychologisch gestaltend in den kreis seiner nie die beziehung zur gegenwart ausser augen verlierenden dichtung zu ziehen. Jedenfalls kann man aber bei diesen stücken nicht die anklage erheben, dass Ov. die sittlichen überzeugungen seiner leser verwirren wolle durch ein leichtfertiges spiel mit auf die lüsternheit einer verwöhnten gesellschaft berechneten vorwürfen aus der moral. Doch verkennen wir nicht in der öfteren wahl jener sonderbaren situationen eine gewisse nachgiebigkeit gegen den zeitgeschmack und gegen das bewusstsein der eignen virtuosität in darstellung von affecten.

Wir haben einige der charakteristischsten gestaltungen der ovidischen muse herausgehoben, um an ihnen die eigenthümliche stellung Ov.'s als moralisten zu erkennen und das rechte licht auf seine sittlichen überzeugungen fallen zu lassen. Es ist aber nicht möglich ein urtheil über diese zu entwickeln, ohne auch bei dem wendepunkt seines lebens zu verweilen.

Schnell hatte dem jungen dichter seine glänzende begabung die aufmerksamkeit, bald die erklärte gunst, besonders der damen der römischen lesewelt zugelenkt. Aber die häufig ungezügelte sinnlichkeit seiner erotischen gedichte zog ihm auch den ruf eines allzu lockeren schwärmers zu. Bedenklich oder übelwollend äusserten sich welche, die ihn anstössig fanden und ihm geradezu vorwarfen zum ehebruch aufgefordert zu haben. Zu diesen mehr oder minder aufrichtigen anhängern altrömischer sitte mochten sich augendiener des Augustus gesellen, nachdem es diesem beliebt

---

[1] Sat. VI. l. II., v. 50:
» Paucae adeo Cereris vittas contingere dignae,
Quarum non timeat pater oscula.«

den wächter der volkssittlichkeit zu spielen. Doch unbeirrt arbeitet der dichter während und nach herausgabe seiner erotischen schriften mit ebensoviel gelehrsamkeit als begeisterung und kunst an den 15 büchern Verwandlungen und vollendet 6 bücher seiner Fasten. Mitten in dieser regen litterarischen thätigkeit und im genuss einer durch hochgebildete freunde und ein edles weib verschönten geselligkeit trifft ihn im December 8 n. Chr. unerwartet der niederschmetternde befehl des gewalthabers sich ungesäumt in die verbannung nach Tomi, einem städtchen am Schwarzen Meere, zu begeben; die werke Ov.'s werden aus den öffentlichen bibliotheken Rom's entfernt; als grund der verweisung dient ärgerniss der öffentlichen sittlichkeit durch verführerische erotische schriften. Bestürzt verlässt der unglückliche dichter der liebe sein herrliches Rom und sein theures Italien, um sich in der trostlosen einsamkeit Tomi's jahrelang aufrecht zu erhalten durch die wahrhaft rührenden bemühungen seine freunde und den kaiser von seiner schuldlosigkeit zu überzeugen.

Den gehäuften untersuchungen über die verweisung Ov.'s ist es misslungen weitere aufklärung zu geben, als dass sie eben wahrscheinlich mit der in demselben jahre erfolgten entfernung Julia's irgendwie in verbindung steht. Ov. selbst hielt es für angemessen sich dehmüthig zu beugen, nicht recht, nur gnade suchend, obschon er ein vergehen nicht zugab. War es ja doch kein urtheil des damals zu gericht über die crimina maiestatis gegen die ritter befugten senates oder einer besonderen commission, sondern ein ungnädiges kaiserliches decret, welches ihn plötzlich aus der römischen gesellschaft ausstiess. Der umstand, dass Augustus von der ihm als magister morum mit censorischer gewalt gesetzlich zustehenden strafbefugniss während der 10 jahre seit veröffentlichung der Ars am. nie bei der alljährlich stattfindenden recognitio der ritter gegen Ov. gebrauch gemacht hat, und dieser doch einzig seine Liebeskunst vertheidigt in kluger scheu den häuslichen kummer des Caesaren zu erneuern, hebt um so augenfälliger hervor, dass der zorn des Augustus über Ov. als den zufälligen mitwisser irgend eines die hohe familie entehrenden geheimnisses (¹) die anklage wegen verletzung der öffentlichen sittlichkeit nur zur deckung genommen hat, so dass jedoch auch noch der vorwand das persönliche motiv verräth. Es mögen nämlich die erotischen schriften Ov.'s eine lieblingslectüre der beiden damen Julia gewesen sein. Dem fürsten, welcher die schmach der stadtkundigen ausschweifungen seiner trotz der sorgfältigsten häuslichen erziehung ausgearteten tochter und enkelin mit gereiztem grame empfand, mochte der berühmte Ov. gern als der intellectuelle verführer jener und überhaupt als der vertreter der üppigen erotik erscheinen. Je weniger der gealterte monarch selbst sich davon freisprechen konnte die moderne richtung der litteratur auch in ihren ausartungen gefördert zu haben, desto eigensinniger trieb ihn das persönliche missbehagen zum abfall von dem früher zur schau getragenen grundsatz der rede- und schriftfreiheit. Labienus und Ovid wurden in folge dessen die ersten märtyrer römischer schriftstellerverfolgungen. (²)

Gerade das schweigen über jenen dunkeln punkt in seiner verurtheilung trieb nun Ov. sich um so lebhafter gegen die uns hier besonders beschäftigende anklage wegen sittenverderblicher richtung seiner schriften zu verwahren.

Die wahl erotischer stoffe erklärt er zum theil aus der natürlichen richtung seiner jünglingsjahre, die dem fröhlichen genuss ergeben das liebesgedicht als den ihnen zustehenden ausdruck erfassten, zum theil aus der einsicht in das maass seiner dichterkraft, die nicht ausgereicht für behandlung grossartigerer vorwürfe. (³) Wenn er aber ausser diesen

---
¹) Vergl. Trist. I. 2, 95-98. 5, 42. II., 103 ff. 207. 239. 89. 90. 131 —134. Ex P. III. 3, 57. 58. u. a. — Suet. Oct. c. 39: Impetratisque a senatu decem adiutoribus unumquemque equitum rationem vitae reddere coëgit. Masson, Vit. Ov. p. 160 vermuthet mitwissenschaft eines von Ov.'s begleitern und der zweiten Julia begangenen verbrechens. Hat man nach Sidonius Apollinaris in Corinna die Julia erkennen wollen, so ist diess bereits durch die einwürfe des Paulus Marsus, Aldus und Masson genügend widerlegt.
²) S. Ad. Schmidt, Geschichte der denk- und glaubensfreiheit. Berlin 1847. Cap. IV.
³) Fast. II., 5. 6. IV., 9. Amor. II., 18. Trist. II., 315 ff.

spontanen ergüssen seiner stimmungen besonders die eine art der lockeren liebe zum gegenstand seiner schilderungen gemacht habe, so dürfe der beurtheiler nie vergessen, welche leserkreise er für jene im auge gehabt habe; keine ehrbare frau, kein freigeborenes mädchen sollte dem spott oder der verführung preisgegeben, kein gatte zur untreue veranlasst werden, denn er habe nur über und für die frauen geschrieben, bei denen weder die kopfbinde das keusche haar umschlinge, noch das lange kleid die füsse berühre. (¹) In der that kann der gehässige vorwurf gegen Ov. als »obscoeni doctor adulterii« nur von flachköpfigen philistern aufgebracht worden sein, welchen es entgieng, dass, wenn des dichters bewundernswerthe meisterschaft in der Ars am. ihn die form der lehrdichtung ergreifen liess, gerade seine behandlung dieser gattung beweist, wie wenig es seine absicht gewesen wirklich lehrend aufzutreten. Denn schöpferisch hat er sie zu einer ganz neuen gattung zu beleben gewusst: statt wie andere niedliche oder prosaische künstler des damals sehr beliebten lehrgedichtes allerlei spiele oder leibesübungen oder in handwerk oder landbau einschlägige fragen zum gegenstand zu nehmen (²), ergreift er eine seite des menschlichen lebens, die dem gewaltigsten affecte angehörig an sich gar keine methode kennt und darum, nach Vischer's urtheil (³), in dem abhandelnden, lehrhaften tone eigentlich eine heitere ironie des lehrgedichtes entstehen lässt.

Auch die unverhüllte behandlung der liebesgeheimnisse vertheidigt Ov. Zunächst bestreitet er, dass alles, was er schildere, auch persönlich von ihm erlebt sei; seinen freunden müsse ja bekannt sein, dass seine sitten sich von jenen keck geschilderten künsten des liebesgenusses fern gehalten, dass die bezüglichen gedichte nur ein ergötzliches spiel der dichtung gewesen seien. Anderwärts versichert er in allzujugendlicher weise seinem dichterdrang gefolgt zu sein, oder er betheuert in erdichtete liebe sich hineinphantasirt zu haben. (⁴)

---

¹) A. a. I., 31—34. II., 497. 599. 600. III., 27. 483. Rem. amor. 385. 386. Tr. II., 245—252. 303. 304. Ex P. III. 3, 49—58.   ²) Tr. II., 471—492.
³) Ästh. § 925, 4.   ⁴) Tr. II., 117. 340. 353—356. I. 9, 59 ff. A. a. II., 639.

Der realismus antiker dichtweise überhaupt, die früheren geständnisse Ov.'s, dass seine liebe ihn zur dichtung begeistere, und die stets lebendige sinnlichkeit seiner gedichte verbieten zwar den persönlichen antheil der sitten mit Bernhardy soweit zu beschränken, dass selbst die mehrzahl der Elegieen »nur genrebilder und phantasiestücke« liefere, nur bleibt es wahrscheinlich, dass Ov. sich von seiner dritten glücklichen ehe an von den früheren ausschweifungen zurückzog, weshalb er in voller wahrheit sein mannesalter als vorwurfslos hinstellen durfte. Indessen muss der versuch nach dieser seite hin sich zu rechtfertigen als überflüssig zurückgewiesen werden. Der dichter sollte ja nicht für schlechten lebenswandel büssen, sondern das kaiserliche decret zielte auf schutz der öffentlichen moral gegen den einfluss unsittlicher litterarischer veröffentlichungen. Gegen diese beschränkung der schriftfreiheit durch censurbevormundung erhebt sich der verwiesene noch vom boden aus als furchtloser kämpfer.

Wie verderbtem sinne all ding zum schlechten anlass gebe, sagt er, ohne dass dadurch der werth der sache an sich geschmälert werde; so könne freilich ein unlauterer leser, der auch im trockensten buche nahrung seiner schlechtigkeit finden würde, mit seinen gedichten missbrauch treiben, ein reiner aber werde sie unbeschadet geniessen. Folgerichtig müssten bei maassregelung der dichtung auch theater und circus aufgehoben werden so wie die beliebten, meist gemeinen mimen, welche doch von matronen, von senatoren und Augustus selbst besucht würden; es höhnten über seine bestrafung die bildlichen erotischen darstellungen, von denen sich welche sogar im kaiserlichen palaste befänden; überhaupt müssten alle die gelegenheiten zur verführung polizeilich abgeschnitten werden, die das öffentliche, besonders grofsstädtische leben, ja der gottesdienst selbst auf jedem schritte böten. (¹) Wahrlich, treffende worte, und wir neh-

---

¹) Tr. II., 255—312. 427—470. Auch Properz (II., 6) war der ansicht, dass die einwirkung der wollüstigen gemälde in den häusern viel schlimmer gewesen sei als bücher.

men gern von Friedländer's (¹) zustimmung act, dass man die entsittlichenden wirkungen der schönen litteratur für jene zeit kaum sehr hoch veranschlagen dürfe. Ehe wir nun aber mit demselben sofort Ov.'s Elegieen und die Liebeskunst, »die an unsittlichkeit kaum je überboten seien«, da nicht für ursachen und förderer, doch für symptome einer schreckenerregenden verderbniss erklären, hören wir noch die vertheidigung des dichters bis zu ende.

Wollte er nicht von einem der kunst fremden staatsinteresse gesetze vorgeschrieben haben, so musste er aus der kunstlehre seine gestaltungen zu rechtfertigen unternehmen. Es macht sich indess hier die von seinen jugendstudien an bemerkbar gewesene abneigung auf streng logische erörterung eines satzes einzugehen in der dürftigkeit der bezüglichen ausführungen geltend.

Wie der in harmonischer stimmung schaffende dichter lust empfindet, so bezweckt sein werk auch des lesers wohlgefallen. Darum will Ov. namentlich die Liebeskunst nicht als den ausdruck seiner denkart betrachtet wissen, sondern als ein ehrbares vergnügen, indem sich das meiste in ihr für die unterhaltung eigne. (²) Für die gattung der Musa iocosa, proterva beansprucht er dasselbe recht freien künstlerischen verbrauches der sinnlichkeit und aller sittlichen verhältnisse, wie es überall und jederzeit die dichter, in sonderheit die römischen elegiker ungestraft geübt hätten. (³)

Schon diese andeutungen lassen erkennen, dass Ov. im bewusstsein der eigenthümlichen gesetze seiner dichtgattung schuf und im vertrauen auf die dem gegenstand angemessene, durchschlagende behandlung und den wachsenden ruhm seine richtung verfolgte.

---

¹) Darstellungen aus der sittengeschichte Rom's etc. I., p. 278. Dagegen klagte schon Cicero, Tusc. II. 11, 27, über verweichlichung der zeit durch die dichter.

²) Tr. V. 12, 3: Carmina laetum sunt opus et pacem mentis habere volunt. Tr. I. 1, 39: Carmina proveniunt animo deducta sereno. II., 357. 358:   Nec liber indicium est animi, sed honesta voluptas,
    Plurima mulcendis auribus apta ferens.

³) Rem. am. 361—397. Tr. II., 355—469.

Der streit, welchen wir hier in Ovid und Augustus zwischen der staatsgewalt und der dichterfreiheit führen sehen, hatte keineswegs eine rein persönliche bedeutung, denn im ganzen alterthume finden wir diese scheidung des staatlich-sittlichen interesses vom ästhetischen standpuncte. Bei im grunde gemeinsamer auffassung der kunst als eines genuss und unterhaltung, nicht belehrung oder nutzen gewährenden spieles der nachahmung nähern auch Plato und Aristoteles sich einander, sobald die praktische frage nach dem verhältnisse von dichterfreiheit und bürgerwohl an sie herantritt. Jener ordnet allezeit die kunstübung dem sittlichen interesse des staates unter, denn da die kunst im streben zu gefallen den neigungen der massen durch sinnliche mannichfaltigkeit schmeichelt und durch die nachbildung der menschlichen leidenschaften mitfühlenden antheil nehmen heisst in der anschauung des sittlich verwerflichen, will er sie auf den rang eines bildungsmittels beschränkt und unter die strengste beaufsichtigung der staatsbehörden gestellt wissen. Vom platonischen standpunct aus können wir natürlich nur eine verurtheilung der gesammten ovidischen dichtung erwarten, finden aber mittelbar die darstellung aller, also auch der niedrigsten in den kreis menschlichen empfindens fallenden affecte als im wesen der kunst liegend bestätigt. Dagegen dürfte die ovidische vertheidigung bei Aristoteles unterstützung finden. (¹) Entscheidend ist der klar ausgesprochene grundsatz, dass die kunst in völliger unabhängigkeit ihre gesetze nur aus sich

---

¹) Vergl. Nic. Eth. VI., 4: οὔτε γὰρ ἡ πρᾶξις ποίησις οὔτε ἡ ποίησις πρᾶξίς ἐστιν. Ἐπεὶ δὲ ... οὐδεμία οὔτε τέχνη ἐστὶν ἥτις οὐ μετὰ λόγου ποιητικὴ ἕξις ἐστίν, οὔτε τοιαύτη ἡ οὐ τέχνη, ταὐτὸν ἂν εἴη τέχνη καὶ ἕξις μετὰ λόγου ἀληθοῦς ποιητική. Ἔστι δὲ τέχνη πᾶσα περὶ γένεσιν, καὶ τὸ τεχνάζειν θεωρεῖν ὅπως ἂν γένηταί τι τῶν ἐνδεχομένων καὶ εἶναι καὶ μὴ εἶναι, καὶ ὧν ἡ ἀρχὴ ἐν τῷ ποιοῦντι ἀλλὰ μὴ ἐν τῷ ποιουμένῳ· οὔτε γὰρ τῶν ἐξ ἀνάγκης ὄντων ἢ γινομένων ἡ τέχνη ἐστίν, οὔτε τῶν κατὰ φύσιν· ἐν αὐτοῖς γὰρ ἔχουσι ταῦτα τὴν ἀρχήν. Ἐπεὶ δὲ ποίησις καὶ πρᾶξις ἕτερον, ἀνάγκη τὴν τέχνην ποιήσεως, ἀλλ' οὐ πράξεως εἶναι· Und II., 3: Οὐδ' ὅμοιόν ἐστιν ἐπὶ τῶν τεχνῶν καὶ τῶν ἀρετῶν. Τὰ μὲν γὰρ ὑπὸ τῶν τεχνῶν γινόμενα τὸ εὖ ἔχει ἐν αὐτοῖς etc.

selber nimmt, nichts zu thun hat mit dem sittlichen handeln, und ihre schöpfungen freie werke der phantasie und dichterischen berechnung sind. Aus des dichters aufgabe mögliche vorgänge nach ihrer inneren wahrscheinlichkeit und nothwendigkeit vorzuführen entwickelt sich auch seine freiheit in gebrauch des sittlich schlechten und guten bei wahl der vorwürfe und ihrer lösungen. Die zulassung oder vermeidung des an sich verwerflichen hängt ab von der wirkung im ganzen und von der angemessenheit für den dichterischen charakter in seinen ganz bestimmten verhältnissen. Für unbedingt verwerflich wird jedoch der dichterische verbrauch des sittlich verkehrten dann erklärt, wenn kein zwingender grund ihn rechtfertigt. (¹) Auch auf die behandlung des geschlechtlich sinnlichen fällt einiges licht aus einer äusserung über den witz des freien und des sklavischen sinnes. Aristoteles missbilligt den zotigen witz im litterarischen verbrauche gegen die feinere anspielung, erlaubt also jedenfalls die berührung geschlechtlicher verhältnisse unter vorbehalt der form. (²) Unter der kathartischen einwirkung, die aller dichtenden kunst zugeschrieben wird, versteht er keine unmittelbar sittliche, und mag der kunstgenuss bald als διαγωγή den feingebildeten die höchste geistige befriedigung gewähren bald als ἀνάπαυσις den arbeitenden classen kurzweilige erholung verschaffen, so bleibt das werk der kunst doch ein hedonisches, allerdings eine »unschädliche freude.« (³) Vom sittlich erziehlichen standpuncte aus verwirft auch Ar. die darstellung des gemeinen durch die kunst und sucht die jugend vor der einwirkung unanständiger bild- oder dichtwerke zu bewahren, deren anhören oder ansehen jedoch

---

¹) Poet. cap. 25, besonders: ὀρθὴ δ' ἐπιτίμησις καὶ ἀλογία καὶ μοχθηρία, ὅταν μὴ ἀνάγκης οὔσης μηδὲν χρήσηται τῷ ἀλόγῳ — ἢ τῇ μοχθηρίᾳ.
²) N. E. IV., 14. u. a.: Ἴδοι δ' ἄν τις καὶ ἐκ τῶν κωμῳδιῶν τῶν παλαιῶν καὶ τῶν καινῶν· τοῖς μὲν γὰρ ἦν γελοῖον ἡ αἰσχρολογία, τοῖς δὲ μᾶλλον ἡ ὑπόνοια· διαφέρει δ' οὐ μικρὸν ταῦτα πρὸς εὐσχημοσύνην.
³) S. Susemihl: zur litt. v. Ar. Poet. in Neue Jahrb., vol. 95, p. 221 ff.

den erwachsenen erlaubt wird, weil diese durch die erziehung gegen den möglichen bösen einfluss derselben gesichert sind. (¹)

Noch nachgiebiger äussert sich Plutarch, der Ov.'s ansicht über die freiheit des dichters und den rechten gebrauch der lectüre völlig beipflichtet. In dem ersten theile seiner schrift: »Wie der jüngling gedichte anhören soll« behandelt er die frage, wie der einfluss der dichtungen unschädlich zu machen sei. Nach dem princip der getreuen nachahmung (²), welcher auch die im leben überall statt findende mischung von tugend und schlechtigkeit zufalle, lässt er dem dichter für darstellung schlechter charaktere, böser leidenschaften, selbst obscoener dinge volle freiheit statt ihn unter die censur des von gesetz und sitte erlaubten zu stellen. Dafür dringt er aber auf die rechte, schulmässige unterweisung in der lectüre, damit die lust an der dichtung durch den verstand gehütet und geleitet werde, denn der verkehr mit den dichtern solle für den jüngling eine vorschule für das ernstere studium der moralphilosophie sein. Die nachahmende kunst zu loben, die nachgeahmten verwerflichen gesinnungen und handlungen zu tadeln, aus allem aber die wahre ansicht des dichters zu erkennen sei die aufgabe des studiums der dichter.

Sehr bedeutsam für die richtige würdigung Ov.'s ist ferner der umstand, dass dem ernsten Quintilian in den mehrfachen erwähnungen jenes kein wort etwaigen tadels über die unsittliche richtung seiner gedichte in den sinn kommt; denn unter unumwundner anerkennung seines genies beurtheilt er einzig die künstlerische darstellung, wobei die wiederholt vorgeworfene lascivia, wie aus dem zusammen-

---

¹) Pol. VII., cap. 16. Ὅλως μὲν οὖν αἰσχρολογίαν ἐκ τῆς πόλεως, ὥσπερ ἄλλο τι, δεῖ τὸν νομοθέτην ἐξορίζειν· ἐκ γὰρ τοῦ εὐχερῶς λέγειν ὁτιοῦν τῶν αἰσχρῶν γίνεται καὶ τὸ ποιεῖν σύνεγγυς etc.
²) l. l. ὑπογράφοντες τὴν ποιητικὴν, ὅτι μιμητικὴ τέχνη καὶ δύναμίς ἐστιν ἀντίστροφος τῇ ζωγραφίᾳ — und anderwärts: ἀλλ' ἐκεῖνο μᾶλλον οἰέσθω, μίμησιν εἶναι τὴν ποίησιν ἠθῶν καὶ βίων, καὶ ἀνθρώπων οὐ τελείων, οὐδὲ καθαρῶν, οὐδ' ἀνεπιλήπτων παντάπασιν, ἀλλὰ μεμιγμένων πάθεσι καὶ δόξαις ψευδέσι καὶ ἀγνοίαις etc.

hang erhellt, keineswegs in sittlicher beziehung zu fassen ist. (¹)
Was schon aus diesen urtheilen hervorgeht, erweist sich noch schlagender aus der praxis der antiken erotik. Eine rückhaltslose sinnlichkeit findet sich thatsächlich in allen diesen werken. Die elegische muse genoss das vorrecht muthwillig zu sein (²), und ihre bedeutendsten vertreter, um von geringeren älteren, wie Ticidas, Memmius, Cinna, Anser, Cornificius, die ihre derbheit zur schau trugen, zu schweigen, sehen wir für die wahrung dieses rechtes ebenso entschieden eintreten, wie sie den schluss von ihren versen auf ihr weiteres bürgerliches leben dem hämischen klatsch alter pedanten zum trotz abweisen. Alle dichten aus ihrer eigenen liebe heraus, bei allen hört man den kecken ton in der aufforderung zum frohen liebesgenuss und das geständniss einer leichtlebigen jugend. (³) Denn erotische dichtung (⁴) hat es so wenig mit unsinnlicher liebe zu thun wie mit gemeinsinnlicher, vielmehr spricht sie die stimmungen der geistig verschönten sinnlichen liebe aus, ohne in den begriffen der bürgerlichen sittenpflicht gefangen zu sein. Dieses vorherrschend sinnliche element war von der römischen erotik in ihren anfängen in einer mischung von roheit und verstandesmässigkeit ergriffen worden, um erst unter Catull zu treuherziger derbheit geklärt auch in tie-

---

¹) Inst. or. X. 1, 93. 88. 98 u. a. richten sich gegen ein gewisses jugendliches übermaass in schmuck und zuschnitt, einen mangel an ernster, sich selbst beschränkender kraft, vorwürfe, die übrigens wie die ähnlichen in Senec. Controv. von Joh. Passeratius und Jos. Scaliger geziemend eingeschränkt worden sind.

²) Der ausdruck Tac. Dial. cap. 10: »elegorum lascivias« und des Horaz: »Erycina ridens Quam Jocus circumvolat et Cupido« kennzeichnen die römische elegie, welche ganz gleichbedeutend mit liebeslied geworden war.

³) Zu des Horaz worten: »Cantamus Non praeter solitum leves« stimmen Catull 5, v. 2, 3. 7, v. 11. 12. 16, 3—8. 68, v. 15—20; Tibull I., 57. II., 89 ff. II. 5, 111. 112; Properz I. 7, v. 20. 9, 34. II. 1, 1 ff. III. 10, 7. 30, 13 ff. 33, 87. IV. 11, 1—8. Auch Martial, Epigr. I., 5. 36. VII., 25. u. a. bezeugen laut, wie sehr die unbeschränkte verwendung des sinnlichen dem alten dichter überhaupt lebensluft war.

⁴) Vergl. H. Paldamus, Röm. Erotik. Greifswald 1833.

fer und wechselvoller gluth der empfindung aufzuleuchten.
Während Tibull's feine empfindsamkeit den ruhigen lebensgenuss gepriesen oder vermisst, und des Properz feurige seele bald in den wonnen der durchgeistigten lust geschwelgt bald unter den qualen der liebesleidenschaft gerungen hatte, war die römische elegie der abhängigkeit von fremden vorbildern entwachsen. Versank die unfruchtbar gewordene alexandrinische gelehrtenliebe bald in den sumpf des sotadischen verses, so stellte die römische erotik sich erst auf den festen boden der nationalen gesellschaftlichen verhältnisse. In Griechenland hatte sie den elastischen gang des ausdruckes kennen gelernt, in Alexandria sich das üppig verführerische lächeln angeeignet; da nun in Rom die verderbtheit der sitten und dieser gegenüber die schroffen bürgerlichen einrichtungen keinen nach griechischer weise harmlos scherzenden liebesgenuss erlaubten, so gründete sie sich gleich fern von den schranken der gesetze wie von dem gemeinen dunst der lupanarien ein eigenes freies reich, wo das geistvoll leichtfertige genussleben der freigelassenen seine üppigen feste feierte. Dort erhielt die römische liebesdichtung ihr wesentlich sinnliches gepräge, dort gewöhnte sie sich neben den wechselnden stimmungen der leidenschaft auch die physische seite des genusses ungescheut zu berühren und behielt in dem bewusstsein, dass ihre liebe nur kurzweil, die geistige freiheit über sie zu reflectiren. Diese reflexion ist nun vorzugsweise entwickelt in der liebesdichtung Ovid's. Selbst zu der zeit, wo derselbe noch mit seinem herzen der liebe des kreises der freigelassenen angehörte, machte sich ein dialektisch-rhetorisches element neben dem sentimentalen geltend. Wir haben oben bemerkt, wie früh er begann nicht mehr die unmittelbar eignen empfindungen nur zu schildern, sondern ähnliche stimmungen von gestalten der vorzeit mit überlegtem geiste zu variiren, und wie er sich in den scheinbar lehrhaften erotischen dichtungen durch den verstand völlig über seinen gegenstand stellte, um sich fortan allein noch bei schilderung von empfindungen edlerer richtung von seinem herzen fortreissen zu lassen. Gerade diese wandlung wirft auf die sittliche persönlichkeit Ov.'s ein günstiges licht.

Denn wenn mitstrebende zeitgenossen die ruhe der stürmisch erregten seelen von späterer beschäftigung mit naturwissenschaften erhofften (¹), so erkennt er hingegen in dem von empfinden und begehren beseelten menschenherzen einen ungleich interessanteren und wichtigeren gegenstand der forschung; er zieht es vor den process der selbstläuterung dadurch an sich zu vollziehen, dass er sich auf den befriedigungslosen wechsel des erlebens an genuss und leid als zu einem object psychologischer untersuchung und zugleich schwieriger poetischer durchführung zurückwendet. Mit entschiedenem bewusstsein hat er diese seine aufgabe, welche ihm eine eigenthümliche stellung unter allen erotikern des alterthums sichert, unter mannichfaltigen dichterischen formen von da in seinen bedeutendsten werken festgehalten, mit klarem blick hat er auch erkannt, dass jenes moralistische und dieses dichterische interesse sich nur auf der grundlage des nationalrömischen gemeinsam verfolgen liesse. Vor allem fesselten schilderungen solches inneren menschenlebens, wie es kaiserlichrömischen lesern verständlich war durch den anklang an die schwingungen der saiten des eigenen sinnens. Die letzte absicht trieb in die raisonnirende darstellung, welche das verständniss der neuen zeit in ihren sittlichen und gesellschaftlichen zuständen suchte. Geschickt hat es nun Ov. zu vermeiden gewusst entweder streng individuelle situationen und charaktere vorzuführen oder in's unpersönliche völlig verschwindende umrisse zu entwerfen. (²) Die allgemeinen züge der menschennatur individualisirte er theils in den schemen der griechischrömischen mythen und

---

¹) S. Tib. II. 4, 15. Prop. III. 5, 23. Diese beziehung der naturforschung zum eigenleben hebt auch Plin. H. N. II., 9 hervor: Macti ingenio este, caeli interpretes rerumque naturae capaces, argumenti repertores, quo Deos hominesque vicistis. Quis enim haec cernens et statos siderum labores, non suae necessitati mortalis genitus ignoscat?

²) Vauvenargues, Réflexions, Sur la difficulté de peindre les caractères. Duclos, Considérations sur les moeurs, chap. 1. Aristot. Poet. 9: Ἡ μὲν γὰρ ποίησις μᾶλλον τὰ καθόλου, ἡ δ'ἱστορία τὰ καθ' ἕκαστον λέγει. Ἔστι δὲ καθόλου μέν, τῷ ποίῳ τὰ ποῖ' ἄττα συμβαίνει λέγειν ἢ πράττειν κατὰ τὸ εἰκὸς ἢ τὸ ἀναγκαῖον ff.

sagen, theils in seinen eignen innern erlebnissen, theils in dem treiben der ihn umgebenden römischen gesellschaft. Aus dieser letzten wählte er mit überlegung die classe der libertinen, einmal wegen der besonderen stellung derselben in der römischen erotik und dann, weil er jeden anstoss vermeiden wollte. Nicht die ernste, etwas steife und am herkömmlichen festhaltende oder aber in zügellos wüthender sinnlichkeit intriguirende matrone, sondern die frauen, welche die mangelnden vorzüge der geburt durch schönheit, geist und anmuthige bildung ersetzend, gleichweit von sittenstrenge wie von strassenlüderlichkeit entfernt dem genuss auch geistigen reiz zu verleihen wussten, bildeten den gegenstand der von der römischen erotik gefeierten liebe. Darum haben wir die ovidische behauptung, dass nur diese gesetzlich dem liebestreiben preisgegebene schicht der gesellschaft geschildert werden sollte, nachdrücklich aufrecht zu erhalten und den vorwurf (¹) zurückzuweisen, als hätte sie bloss dem augenblicklichen bedürfnisse der rechtfertigung als vorwand gedient. Durch jenen vorbehalt hatte der dichter geglaubt die eigenart der nationalen liebesdichtung an den wurzeln zu fassen, zugleich in mitten der über alle stände ausgebreiteten sittenlosigkeit das natürliche wesen des frauensinnes im allgemeinen darzustellen und endlich allen etwaigen verläumdungen seiner kühnen schilderungen aus dem wege zu gehen.

Da wir jedoch nicht bloss in jener »erotischen strategetik« das vorwalten der sinnlichkeit und leidenschaft gefunden haben, sondern diese färbung fast sämmtlichen ovidischen personen angehört, bleibt noch folgendes zu beachten.

Mit dem absterben grosser politischer thätigkeit des einzelnen in das treiben der hofintrigue und nach sättigung der gesellschaft durch griechisch-alexandrinische bildung hatte eine subjective vertiefung durch bevorzugte pflege des privatlebens platz gegriffen. Die poesie hatte vor den anforderungen des herrscherhauses, ihre stimme nur zu seinem preis ertönen zu lassen, ihre unabhängigkeit in das gebiet der

---

¹) S. Friedländer, a. a. o. l., p. 289.

empfindungsdichtung geflüchtet. Die damals erfolgte auflösung des antiken kunstideales entwickelt Fr. Vischer unter hervorhebung der neuen art lyrischer besprechung der seelenvorgänge. Die empfindung, sagt er ([1]), kann noch nicht die geistig verklärte sein, sie ist sinnlich bestimmt, doch nicht mehr in bruchloser einheit des sittlichen mit dem sinnlichen wie vorher. Sie erwärmt ihren stoff mit leidenschaft und sehnsucht. — Das innerlichste der lyrik dieses ideales erscheint wie eine nach innen geworfene sinnlichkeit.« In Ov's. menschen durchdringt allerdings noch der seelische antheil das leibliche entzücken, edlere gesinnungen beherrschen oder bekämpfen noch das streben nach genuss, die lieblichsten scenen häuslichen glückes reihen sich an die rührendsten verkörperungen treuer aufopferungsfähigkeit, auch der schmerz des gebrochenen lebens zeigt sich noch empfänglich für milde und maass, woneben wirksam zwischen leidenschaft und freiheit schwankende charaktere entgegentreten: das erhabene des subjectes kommt jedoch vorzugsweise in der leidenschaft zur darstellung, denn weniger ein sittlicher zweck als die glühende gewalt macht die kraft der gesteigerten empfindungsäusserung aus.

In der vorliebe Ov.'s für schilderung des seelenlebens des weibes bekundet sich sein verständniss für die in seiner zeit vorgegangene wandlung des kunstideales und der gesellschaftlichen verhältnisse. Da dem zeitalter grösse und entschiedenheit der individuen abgiengen, und der einfluss der frauen so bedeutend in den vordergrund gerückt war ([2]), mussten diese letzteren mit ihrem leicht erzitternden gefühlsleben sammt der grösseren gebundenheit an den naturgrund die geeignetsten gefässe für analyse der zarten wie der leidenschaftlichen empfindung scheinen. Die moralistische absicht Ov.'s gibt uns nun das eigenthümliche schauspiel, dass seine frauen so gern ihre gemüthsbewegungen selbst durch-

---

[1]) Aesthet., § 445. [2]) Vergl. L. Friedländer, a. a. o. I., cap. 5. J. Denis, Histoire des théories et des idées morales dans l'antiquité. Paris 1856. t. II., p. 97 ff. Juvenal, Sat. 6 l. II. Prop. IV., 13. Hor. C. III. 6, 17—32.

mustern und, wie Schiller einmal über die menschen P. Corneille's sich ausdrückt, »ihre leidenschaften behorchen.« Gleichwohl fördert diese arbeit keineswegs ihre befreiung von den fesseln der natur: es ist nicht eigentlich die stimme des gewissens, welche wir den streit gegen den bösen hang der natur führen hören, denn der mangel jedes andern als nur anerzogenen bewusstseins von einem sittengesetze stellt von vorneherein den sieg des lustprincipes sicher. Wenn also in den kämpfen der leidenschaft das gemüth nur in den erschütterungen seiner empfindung schwankt, und die list und das schönthun der lust die schwäche der tugendsatzung niederschlägt, so dürfen wir das nicht der gesinnung des dichters zum vorwurf machen, weil dieser nicht als trauernder prophet über der sünde seiner zeit stehend bessern will, sondern seine charaktere im grund als unabänderliche naturtypen schauend (¹) das bild der menschen seiner gegenwart bald im mythischen bald im modischen costüm entwirft.

Wir sind hiernach zu der überzeugung gekommen, dass 1) in hinsicht auf die ästhetische theorie und praxis der alten, wo weder die idee des guten als voraussetzung noch die idee des schönen als princip der dichtkunst gilt, sondern grund und arbeit derselben in die nachahmung, in das vergnügen ihr ziel gesetzt ist, und 2) in erwägung der eigenthümlichen moralistisch-dichterischen absicht des Ov. der von ihm gemachte verbrauch der sinnlichkeit unangreifbar ist. Mochte daher das verfahren des Augustus gegen unseren dichter formell noch so wohl begründet sein, so durfte Ov. doch mit fug sich über eine verkennung seiner dichtung beklagen.

Nach obigen auseinandersetzungen sind die häufig wiederholten angriffe neuerer unschwer zurückzuweisen.

Der junge Wieland vermochte in der ovidischen erotik keinen höheren gedanken zu erkennen als »die schlaue

---

¹) Dass er bis zuletzt sich dieser ansicht zugeneigt hat, verräth sich noch Tr. III. 7, 4, wo er an Perilla schreibt: Nam tibi cum Fatis mores Natura pudicos et raras dotes ingeniumque dedit.

kunst den ekel zu betrügen.« Sein gegen die nackte sinnlichkeit derselben gerichteter Antiovid wusste jedoch jenem unnachahmlichen spiel der lust und des geistes nichts als eine platonisch-ritterlich-schäferliche seelenneigung mit vorwurfsfreien gefühlchen entgegenzustellen und als schranke der natürlichen triebe ich weiss nicht welche anständige verzückung vor der seelenunschuld zu besingen. Lebensunerfahrenheit und unvermögen jenes hochberühmte dichterwerk aus seinen geschichtlichen verhältnissen zu beurtheilen hatten den noch in unklarer schwärmerei befangenen zu dem wahne verleitet, es lasse sich jüngferlich mit der sinnlichkeit tändeln.

Ernster als dieser missrathene verbesserungsversuch jungwieland'scher entrüstung sind Schiller's ([1]) verdammungsurtheile über »die verführerischen gemälde« Ov.'s, der von ihm aus der reihe der naiven dichter gestrichen wird. Die anklagen lassen sich dahin zusammenfassen, dass Ov.'s sinnlichkeit nicht der ausdruck unbefangener natürlichkeit sei, vielmehr in frivoler lüsternheit beabsichtigte wahl an sich des menschenadels unwürdiger stoffe, denen weder sittliche noch dichterische berechtigung abgewonnen worden durch gleichzeitigen begeisterten ausdruck des glaubens an die ideale der menschheit.

Während Kant in der naivetät schlichtweg den durchbruch der natürlich aufrichtigen einfalt des menschen durch die zur zweiten natur gewordene verstellungskunst erblickt, scheidet Schiller den sieg der natur über die kunst wider wissen und willen der person von diesem siege mit völligem bewusstsein derselben. Dieses letztere als das naive der gesinnung setzt die person als sittlich unfähig die natur zu verläugnen und die kunst als künstelei im unrecht gegen die gesunde natur. Aber gerade in dem falle: natur als affect, kunst als wahrhafte sittlichkeit, gibt sich die natur dem urtheile Schiller's keineswegs als naiv zu erkennen, da das kriterium des unrechtes auf seite der kunst nicht zutrifft; nur in dem falle also: kunst gleich unstatthafte, sittlich nicht

---

[1]) Vergl. den aufsatz: Über naive und sentimentalische dichtung.

gerechtfertigte anständigkeit dürfte der triumph der natur als innerer nothwendigkeit die rechtfertigung des unverhüllt sinnlichen im dichter bilden. Diese nähere bestimmung jenes begriffes kunst im gegensatz zu natur hat es Schiller unmöglich gemacht Ovid noch unter die naiven dichter einzureihen. Das naiv sinnliche ist hier in eins gesetzt mit dem derb keuschen, und das naive der denkart wird verdorbenen menschen abgesprochen. Es bleibt von Ovid nur der verächtlich leichtfertige sohn der lust als zeuge eines entnervten zeitalters.

Es fragt sich nur sofort, ob die scheidung zwischen der wahrhaften kunst, d. h. der philosophisch-gerechtfertigten und durch das allgemeine bewusstsein angenommenen gesittung der gesellschaft, und anderseits der bloss gezierten anständigkeit der unnatur bereits für die zeit Ov.'s annehmbar ist; denn die versittlichte natur war damals unter fortwirkung des sokratischen satzes von der einerleiheit des wissens mit der tugend nur als ergebniss der philosophischen erkenntniss denkbar. Aber erfahrungsmässig pflegt der uns innewohnende lusthang vor dem gebot eines nur von der philosophie übernommenen sittengesetzes nicht zurückzuweichen, und so eifrig auch die starren tugendprediger der Stoa dem augusteischen geschlechte durch die mode empfohlen waren, so wenig wurden sie befolgt. Wie könnte man zögern die unsittlichkeit des antiken menschen in der periode des zerstörten sittlichen nomos von dem einzelleben ab lediglich der zeit zur last zu legen? Ov.'s ethische entwicklung war wesentlich sache des zufalles seiner geburt, seines temperamentes und des gesellschaftlichen zuges. Ov. vereinigte in sich die bildung seiner gegenwart in ihren vorzügen und gebrechen, in ihren widersprüchen und ihrer geschlossenheit; er ist der natürliche mensch im vorletzten stadium seiner entwicklung, noch befangen im wahn seiner grösse und bedroht von der erfahrung der nichtigkeit alles irdischen, noch im besitze des reichthumes aus seiner schönen jugendzeit, aber selbst gealtert ohne den festen grund eines neuen lebens gesichert zu wissen, darum das alte lebensprincip des genusses um so heftiger verfolgend. Dieser mensch ist auch natur, wenngleich nicht

mehr der unbefangene der jugendzeit. Zieht man vor nur
in letzterer naivetät zu finden, so ist überhaupt nicht an das
ganze alterthum die forderung der naivetät behufs rechtfertigung nackter sinnlichkeit zu stellen. Entweder ist naivetät
gleich natur zu setzen, die nicht wissen lässt, dass man irgend etwas zu verheimlichen habe (¹), und sind die äusserungen dieser natur je nach ihrer entwicklungsstufe verschieden, oder es erweist sich, wie wenig classificationen
in sachen künstlerischer erzeugnisse besonders auf solche
werke sich anwenden lassen, die den grenzen eines zeitabschnittes sich nähern. Musste sich Schiller von der verwendung des gemeinsinnlichen in Ov. angewidert fühlen, so
dachte das alterthum eben anders über die schamempfindung.
Auch Cicero (²) vermochte nur aus einem im wissenstrieb
sich offenbarenden adel der menschennatur die pflichten der
sittsamkeit zu begründen. »Der eigentliche begriff der unschuld und inneren reinheit jedoch«, bemerkt Fr. Schlegel (³) treffend, »ist den alten auch in der höheren philosophie fremd geblieben, da er auf dem geheimniss der seele
und ihrer göttlichen bestimmung beruht.« Da nach Schiller u. a. Gruppe (⁴) in heftigster weise unserem dichter
aus der erweiterung des erotischen feldes den vorwurf äusserster sittlicher haltungslosigkeit gemacht hat, verweisen wir
noch auf die ausführungen Lessing's über die wollust in
einem alten dichter. (⁵) Aus dem wesen der dichtkunst die
natur zu schildern und dabei mehr noch als mit den sinnlichen gegenständen sich zu beschäftigen mit den die natur
belebenden empfindungen leitet er bekanntlich die berechtigung des dichters ab auch die empfindungen der wollust,
welche die stärksten und untereinander veränderlichsten
seien, ganz vorzugsweise zum gegenstand zu wählen. Die
wohlgefällige hinwendung zu dieser seite der menschlichen

---

¹) Die definition Duclos', Considérat. sur les moeurs, chap. 13: »La
candeur est le sentiment intérieur de la pureté de son âme, qui empêche de
croire qu'on ait rien à dissimuler; et la naïveté empêche de le savoir« stimmt
uns zu, insofern auch das geschlechtlichsinnliche dem alten nichts unreines
war. ²) Offic. I. 27, 11. 28, 8. 29, 8. 30. ³) Studien des class. alterth.
s. 136. ⁴) Die röm. elegie. Leipz. 1838. ⁵) Rettungen des Horaz.

natur kann ihm kein erniedrigender vorwurf unserer thierheit scheinen, denn der geschlechtliche genuss steht ihm nicht sittlich tiefer als jede andere art sinnlicher oder geistiger lust. Und in ergänzung des Göthe'schen ausspruches über den tyrannen zeit, der seine launen habe und zu dem, was einer sage und thue in jedem jahrhundert ein ander gesicht mache, weist Lessing die nöthigung des dichters nach die liebe so zu besingen, wie sie dem geschmack und der sitte der zeit nach ihrer auffassung wohlgefalle.

Der unermüdliche schimpf der lüsternheit endlich, die als »ein spiel mit dem zu geniessenden und mit dem genossenen« zu bestimmen ist (¹), würde Ov. doch nur dann verdammen, wenn es diesem darum zu thun wäre sich oder seine leser durch aufreizung der phantasie in einen zustand mehr oder minder erregter sinnenlust zu versetzen; denn schon das ästhetische vergnügen wird zerstört, sobald die beziehungslosigkeit zu unserem begehren aufgehoben und an die stelle des selbstvergessens in der anschauung des schönen das bewusstsein des unbefriedigten eigenlebens gesetzt wird. In den wenigen elegieen, wo Ovid den geschlechtlichen genuss schildert, bleibt immer noch die stimmung hauptgegenstand. (²) Die an umfang nur unbedeutenden stücke in der Ars und den Rem. am, welche modi Veneris enthalten, sind allerdings durchaus unpoetisch und geradezu ekelhaft; doch schwächt sich der vorwurf gegen Ovid wesentlich ab bei der erinnerung an die gattung der priapeen, deren einige hochgefeierten namen angehören. (³)

Sucht Gruppe anderseits das innerlichst verführerisehe Ov.'s darin, dass verbrechen im verzeihlichen lichte darge-

---

¹) Göthe, Maximen und reflex., abth. I.

²) Die abgeschmackte behauptung in dem sonst von geistreichem subjectivismus erfüllten buche Gruppe's über eine »nicht zufällige« symmetrie in anordnung der Amores, von denen jedes buch in einem coitus culminire, bleibe der vorliebe des verfassers für seine hypothese und für herabziehung Ov.'s anheimgestellt.

³) Man dürfte jene stücke wohl nicht anders ansehen als die zwei Göthe-schen gedichte, von denen Eckermann, Gespräche etc. Leipz. 1837, I. s. 115—117 erzählt.

stellt seien, so hat sich dieses bereits widerlegt durch unsern nachweis, dass Ov. nur als moralist das verbrecherische sinnen der lust in seinem entstehen und wachsen aufgezeigt, im übrigen nur die durch gesetz und sitte erlaubte liebe zum gegenstand genommen und bloss einige male in psychologischen künstlichkeiten experimentirt hat. Als dichter und mensch steht also Ov. gleich hoch, da er den genuss nur in der erinnerung oder hoffnung feiert und das an sich und für uns verwerfliche als moralist schildert ohne nach der zweideutigen art Marmontel's zu moralisiren oder wie unsere heutigen Flaubert und Dumas sympathieen dafür zu erregen.

Das absprechende urtheil Schiller's, nach welchem übrigens die tadler nichts wirklich neues mehr zu sagen gewusst haben, bestätigt also weiter nichts als was das schicksal zweier charakteristischer versuche der poesie christlicher zeitrechnung ihr hausrecht im lande der liebe und sinnlichkeit zu wahren, ich meine Hoffmann's v. Hoffmanns-Waldau unschöne »Sinnreiche Heldenbrieffe« und Göthe's herrliche »Römische Elegieen«, bewiesen hat, dass nämlich ein abgrund die ideale der schönen und der gekreuzigten sinnlichkeit von einander trennt.

Die lebensanschauung unseres dichters hat sich bisher aus seiner art die menschen in gewissen sittlichen verhältnissen zu zeichnen uns offenbart. Zu diesen poetischen verkörperungen seiner ansicht vom leben liefern zahlreiche als sprüche oder selbstbekenntnisse in seine schriften eingewobene äusserungen die erwünschte ergänzung.

Es ist höchst bezeichnend, dass Ov. von anfang an eine lebhafte überzeugung von der verderbtheit der menschen zur schau trug ([1]), obwohl seine persönlichen verhältnisse ihm erst nur die heitere seite des lebens kennen gelehrt hatten. Als ritter dem stand angehörig, der in der römischen aristokratie das beweglichere element bildete und durch ein trach-

---

[1]) Amor. III. 8, 45—56 neben Fast. I., 191—196. 211—218. Met. VI., 472—474; die schilderung des Neides M. II., 760—805.

ten nach geistreichem genuss sich auszuzeichnen pflegte, zugleich als dichter durch ein frisches geistesleben mitten in der gunst der frauen auf einer allgemeineren anschauung der dinge emporgehalten gewann er zeitig den einblick in das getriebe der menschlichen selbstsucht und lustgier. In der Ars am. sagt er: »Nur am schlechten findet man gefallen, jeder denkt nur auf seine lust, gleichviel ob sie ihm aus dem schmerze des nächsten quillt.« Allein sein pessimismus ist hier doch noch phrasenhaft; die versicherung, freundschaft und treue seien nur leere schälle ([1]), wird durch das geständniss des mannes eitel, dass er mit freunden im verhältniss brüderlichster liebe und vertrautester gedankengemeinschaft gelebt habe. ([2]) Und erst nachdem alle die freunde des glückes bis auf zwei oder drei bei seinem sturze ihn schmählich verlassen, erhob er in wahrem schmerze die bitteren anklagen gegen den niedrigen eigennutz der menschen. ([3]) Und doch, so schmerzlich er an dieser erfahrung litt, ist es ihm unmöglich an jeder reinheit der freundschaft zu zweifeln, selbst für den treulosesten hat er keine worte bitterer kränkung, sondern lässt nicht von der hoffnung, der alte freund werde sich ihm wieder zuwenden; die erprobte gesinnung der wenigen getreuen hinwider preist er sein lebelang mit dem zartesten danke. ([4]) Wenn also die beobachtung der menschen seiner gottlosen zeit ihm ein immer deutlicheres bewusstsein von der selbstsüchtigen bosheit unserer natur gegeben hat, ist er doch nicht in das extrem eines grundsätzlichen pessimismus verfallen. Ja, bei allem lobe der einfachheit und sittenreinheit früherer jahrhunderte blickt er nicht ohne ein geringschätziges lächeln auf die derbe biederkeit derselben; der dichter der augusteischen gesellschaft zieht seine gegenwart trotz ihrer gebrechen jenen vor, nicht etwa um der fülle des goldes, der verschwenderischen pracht oder der grossartigkeit des ganzen lebenszuschnittes willen, sondern wegen der geschmackvollen, behaglich feinen, gei-

---

[1]) A. a. I., 740 ff. v. 751—754 vergleiche mit III., 659—662 u. Prop. III., 33. [2]) Tr. I. 3, 65. III. 6, 9. 10. [3]) Tr. I. 9, 5—22. Ex P. II. 3, 7—30. [4]) Tr. I. 8. 5. III., 4.

stig belebten vornehmheit. (¹) Nur ist die gesellschaft leider mit diesem fortschritte auch von der ursprünglichen güte der menschlichen natur abgewichen.

Die vermittlung dieses anscheinend widerspruchsvollen urtheils über seine zeit hat Ovid in der bekannten schilderung (²) der verschiedenen menschengeschlechter gegeben, gegen welche ganz ungerechtfertigt der vorwurf erhoben worden ist, als versenke sich des dichters bequeme kraftlosigkeit in den traum eines schlaraffenländischen urzustandes, nur um desto billiger gegen die schlechte mitwelt zu poltern. Von Hesiod an haben die meisten fortbildner jenes uralten mythus — welcher in ursprünglicher gestalt muthmaasslich drei geschlechter setzte, nämlich ein ideal von schuldlosigkeit und zwei extreme von verderbtheit, von welchen letzteren das eine träg weichliche von dem anderen frech gewaltthätigen überwältigt wurde, bis die göttliche rache auch dieses zur warnung einer neuen menschheit vernichtete — moralisirend die anwendung auf die mitlebenden weitergesponnen und nicht ohne innere inconsequenzen einen stufenweisen übergang vom glück des urzustandes zum weh der verbrecherischen gegenwart geschildert. (³) Gegenüber dieser von Buttmann mit recht gemissbilligten verflachung der alten fassung hat jedoch Ov. keineswegs zeigen wollen, wie die menschen allmählich so böse geworden, wie sie jetzt seien, sondern wenn er auch im anschluss an seine vorgänger den verfall über fünf geschlechter vertheilt, vermeidet er doch den matten und trivialen schluss dadurch, dass er nach dem untergang derjenigen geschlechter, welche alle arten der verderbniss erschöpft haben, die continuität reisst: in gesunder geschichtlicher einsicht lässt er sein nicht wieder nach metallen benanntes deukalionisches geschlecht weder mehr auf den heiteren gefilden idealer unschuld ruhen noch auf dem wege äusserster gräuelthat unmittelbar vor abermaligem

---

¹) A. a. III., 113—128. Fast. I., 225. 226. ²) Met. I., 89 ff. ³) Vergl. Ph. Buttmann's abhandlung Über den mythus von den ältesten menschengeschlechtern im Mythologus, bd. II. Berlin 1829.

zorngerichte gottes stehen, vielmehr stellt er es in gerechtem verhältniss seiner sittlichen und äusseren lage als ein hartes, dem mühseligen kampfe des lebens preisgegebenes hin. Im sehnsüchtigen glauben an die bestimmung der menschheit zu dem frieden natürlicher sittlichkeit verwarf er sowohl die beliebte annahme eines thierischen urzustandes (¹) als auch das declamatorische verdammungsurtheil über die gegenwart: nun freilich die leidenschaftslose zeit vorüber ist, wo der mensch ohne gesetz, also auch ohne furcht und strafe, bloss im natürlichen drange seiner göttlichen anlage tugend und recht übte, seelig in dem gefühl der übereinstimmung seines genügsamen, sorglosen lebens mit dem ewigen frühling der freigebigen natur, seit eben die schuld in die von leidenschaft erfüllte welt gekommen ist (²), vermag nur die ethische phantasie jenen beweislosen glauben an die menschheit festzuhalten, und treibt nur die energische lebensbejahung zur anerkennung des rechtes der gegenwart.

Aber für das sittliche leben bleibt das irdische dasein unserem dichter trotzdem ein beunruhigendes räthsel. Alles menschliche zeigt sich dem unbestand unterworfen, keinem sterblichen ward des lebens ungemischte freude zu theil, nichts ist eilender als die jahre, und der tod ist das ende alles lebendigen. (³) So lange die genüsse der jugend und

---

¹) S. Horaz, Sat. I. 3, 99—112.
²) Es fehlt zwar Met. I., 115 eine nähere begründung des austrittes aus dem paradiesischen zustande, allein da erst nach dem vorwurf der geringeren sittlichen güte des silbernen geschlechtes die veränderungen in der natur und in dem loose des menschen geschildert werden, erscheint der abfall von der göttlichen art als ursache der wandlung. Ob jedoch dieser abfall und überhaupt die fehltritte des menschen der schicksalsbestimmung unterliegen oder der verantwortlichkeit des einzelnen zuzurechnen seien, darauf scheint Ov. keine entschiedene antwort gefunden zu haben. S. das seite 43 gesagte und Fast. I., 483—486. II., 35—16. Met. II., 417. F. IV., 311. Für dichterische zwecke nimmt er natürlich keinen anstand die mythischen vorstellungen der volksmoral aufzunehmen, wie z. b. in jener erzählung, wo auf geheiss der eifersüchtigen Juno Tisiphone bethörend und sinnverblendend Athamas zur unthat treibt, Met. IV., 452 ff.
³) Met. III., 135—137. VII., 453. 454. X., 32—35. XIII., 646. A. a. III., 61—66. Trist. III. 11, 67. V. 5, 527. 8, 15—18. Ex. P. IV. 3, 31 ff.

der geistige wettkampf des mannesalters den glücklichen Ov. beschäftigten, trat ihm das problem des lebens nicht gebieterisch nahe. Doch als den greis das elend der verbannung beugte, erzitterte seine seele oft vor den schrecken dieser fragen. Nicht die philosophie hat die lebensansicht des dichters zu bestimmen vermocht, obschon nur andeutungsweise einige äusserungen seine stellung zur philosophie jener tage erkennen lassen. Dass die erotischen werke hedonische grundsätze zur schau tragen, erlaubt noch keineswegs anzunehmen, dass Ov. sich entschieden der epikureischen schule angeschlossen. Allein gegen die »grossmauligen und langweiligen römischen pharisäer«, wie Mommsen die Stoa züchtigt, scheint Ov. eine offene abneigung empfunden zu haben, die sich steigern musste nach der bitteren erkenntniss seines eigenlebens, dass unsere weisheit haltlos ist, und verstandessätze keine sittliche kraft zu geben vermögen. Zwar will er bescheiden nicht in abrede stellen, dass einzelnen bevorzugten geistern es gelingen mag sich durch die wissenschaft über der erde leid und sünde zu erheben, aber schonend weist er den philosophischen trost seiner freunde zurück, da selbst sokratische weisheit unter der last so gewaltigen einsturzes brechen würde. ([1]) Gelegentlich des aufenthaltes Numa's in Croton ([2]) erregen die langathmigen tiraden des Pythagoras gegen den genuss der fleischspeisen und die blutige vergewaltigung der thiere den verdacht einer muthwilligen verspottung der ungereimtheiten damaliger afterphilosophie halb pythagoreischer tendenz. Aber der schalkhafte ton schlägt in beredten ernst über, wo die lehre von der unsterblichkeit und der wanderung der seelen, die von der todesfurcht befreien soll, vorgetragen und die theilnahme des menschenlebens an dem anderswerden alles natürlichen aus dem texte »omnia mutantur, nihil interit« erläutert wird.

Auch nicht die religion hat Ovid feste überzeugungen geben können. Wir erinnern uns seines spottes ([3]): »För-

---

[1]) Ex Pont. I., 3. Fast. I., 299. 300. Trist. V. 12, 11 ff.   [2]) Met. XV., 4 ff.   [3]) A. a. I., 637—644. Amor. II. 1, 17—20. »Kaum glaube ich es« fügt er hinzu, wo er vom umgehen nächtlicher geister berichtet. Fast. II., 551.

derlich ist es, wenn götter da sind, und da es förderlich ist, so lasset uns glauben, sie seien da. Weihrauch und wein mögen auf die alten heerde gegeben werden. Und es umfasst jene nicht sorglose, schlummerähnliche ruhe. Lebet unschuldig, die gottheit ist nah; gebet das anvertraute geld zurück, die familientreue mag ihre bündnisse wahren, fern sei betrug, haltet die hände von mord rein: nur die mädchen, wenn ihr gescheidt seid, habet ungestraft zu narren; einzig den betrug ausgenommen, muss wort gehalten werden.« Der abergläubischen volksreligion innerlich entfremdet nahm er doch zuweilen theil an öffentlichen opfern (¹), und seiner frau empfiehlt er vor der audienz bei Livia den göttern wein und weihrauch zu spenden und besonders zu dem numen Augustum zu beten. (²) In wahrheit bescheidet er sich mit einer dualistischen vorstellung über das von anfang an seiende (³) und beugt sich unter die ansicht, dass alles nach dem gesetze des verhäugnisses geschehe. (⁴) Zu dem glauben an ein sittliches walten der gottheit erhebt er sich nicht. (⁵) Den vom gifte des Nessus zerfleischten Hercules lässt er bei dem gedanken an das leid des wackeren und das wohlergehen des ungerechten in die worte ausbrechen: »Und da gibt es noch leute, welche an das dasein von göttern glauben können!« (⁶) Seine eschatologischen vorstellungen geben aber zeugniss von einem bangen erzittern der seele vor völliger vernichtung trotz keckem bekenntniss des unglaubens. In der klage auf den tod Tibull's (⁷) äussert er, das unterschiedslose wüthen des todes verleite zur gottesleugnung, denn wozu noch frommer sinn und gottesfurcht, wenn von uns nur so viel übrig bleibe als eine urne fasse? »Gienge doch unsere seele unter«, ruft er in den Trauerliedern aus, »und möchte kein theil mir entfliehen dem gierigen scheiterhaufen; denn wenn dem tode nicht unterworfen der lebenshauch hoch in der freien luft fliegt, und die sprüche des samischen greises wahr sind, wird ein römischer

---
¹) Tr. II., 59. ²) Ex P. III. 1, 161 ff. und ähnliche gesinnung IV. 9, 31 ff. ³) Vergl. Met. I., 5—21. 32. 57. 79. II., 300. Fast. V., 11 ff. ⁴) Met. III., 316. IX., 433. X., 203. ⁵) Tr. V. 3, 13. ⁶) Met. IX., 203. ⁷) Amor. III., 9.

schatten unter sarmatischen umherflattern und immer ein fremdling sein inmitten der todtengeister.« In dieser sinnlichen auffassung des fortlebens nach dem tode wendet sich seine sorge noch auf seine einstigen irdischen überreste. Seine frau soll seine gebeine nach Italien zurückbringen, sie beisetzen und eine marmorgrabschrift fertigen lassen, denn »wenn auch in staub das feuer den leib verwandelt, so wird die traurige asche doch den frommen liebesdienst empfinden.« (¹)

Aber das nie zu beschwichtigende bedürfniss der seele nach gott trieb den dichter im ahnenden schauen der kunst das zu gestalten, was der verstand der erkenntniss verweigert. Und wenn auch Ovid's stellung zur volksreligion Villemain berechtigt von den Metamorphosen zu behaupten (²), dass sie zugleich der geistvollste commentar des heidenthums und das sprechendste zeichen seines verfalles seien, so verbirgt sich doch auf dem grunde der verwandlungen der glaube an götterwache. Gewiss, der mythus ist hier nicht mehr der heilige schatz des nationalen sittlichen νόμος, aber die menschlich erregten götter sind doch als die letzte und unmittelbare ursache unserer lebensbegegnisse hingestellt; ihr eingreifen, so häufig es ein leidenschaftliches ist, ahndet meist das verbrechen, demüthigt die überhebung, hält an zur gottesfurcht, belohnt die tugend. Und so können wir Ov., wenn er sich des gottes voll nennt (³), der dem dichter erlaube die gestalten der götter zu sehen und ihre stimme zu vernehmen, in's feine seherantlitz schauen, ohne dass dessen göttliche verzückung uns plötzlich als lächerliches grinsen oder als abgegriffene maske erscheine.

Hat denn aber Ov. gar nichts gerettet aus den jahren seines glückes und seines gesellschaftlichen schiffbruches? Hören wir den rath seiner lebenserfahrung: »Lebe für dich und fliehe weit die berühmten namen, dir lebe und meide die grössen der welt. — Glaube es mir, wer wohl verborgen war, hat wohl gelebt. — Lebe fern von missgunst, bringe

---

¹) Tr. III., 3. IV. 10, 85. Ex P. I. 2, 113. Ibis, v. 139. ²) Eloquence chrét. au IV. siècle, p. 30. ³) Fast. VI., 5 ff.

unberühmt friedsame jahre hin und suche ebenbürtige freundschaften. — Nach wechselndem belieben gibt und nimmt das glück seine güter, nichts haben wir, was nicht hinfällig sei mit ausnahme der güter des herzens und des geistes.« (¹) So hat er sich hingekehrt zum λάϑε βιώσας Epikur's, zur horazischen selbstbescheidung, ohne schon das zurückziehen aus der grossen welt zu der einkehr in sich, welche Persius (²) empfiehlt, zu vertiefen. Allein indem er die bildung des geistes und des gemüthes als das ureigene unserer menschenwürde festhält, erweist er sich noch als dieselbe persönlichkeit, welche einst in stolzer freude am vollen leben den menschen als das geschöpf göttlichen ursprunges und göttlicher bildung mit dem hochaufgerichteten antlitz und dem himmelgewendeten blicke bezeichnet hatte. Die frucht der ovidischen erfahrung kennzeichnet die umwälzung in der vorstellung des bürgers der kaiserzeit von der wünschenswerthesten gestaltung des individuellen lebens; sie bildet aber auch einen markstein zwischen den von Aristoteles aufgestellten drei rangstufen des βίος ἀπολαυστικός — πολιτικός — ϑεωρητικός und jenen Pascal's, nach welchen aller glanz zeitlicher grösse werthlos ist in den augen derjenigen, welche der geistesforschung sich widmen, aber alle grösse der denker verschwindet vor der grösse der liebe und der weisheit von gott. (³)

Wenige striche werden das bild der persönlichkeit Ov.'s vollenden. Wohl haben die jahre des elendes seine dichterische kraft gebrochen, aber auf sein sittliches leben finden die eignen worte anwendung: »Die tugend, welche unter glücklichen lebensverhältnissen unerkannt verborgen ist und brach liegt, die tritt im unglück zu tag und bekundet sich.« Schiller's vorwürfen über »die gemeine stimmung eines edleren geistes, den sein schicksal zu boden drückte« und darüber,

---
¹) Tr. III., 4 und 7, 43: »Nil non mortale tenemus, Pectoris exceptis ingeniique bonis.«
²) Sat. IV., 52: »Tecum habita; noris, quam sit tibi curta supellex.«
³) Vergl. Ar. Nik. Eth. I., 3 und X., 8: Τῷ δὴ ζῶντι τοῦ πράττειν ἀφαιρουμένου ἔτι δὲ μᾶλλον τοῦ ποιεῖν, τί λείπεται πλὴν ϑεωρία; mit dem berühmten capitel des »büssers der vernunft«, Pensées II., art X., 1.

dass »er in seinem exil zu Tomi die glückseligkeit schmerzlich vermisst, die Horaz in seinem Tibur so gern entbehrte« steht Göthe's ausspruch gegenüber: »Ovid blieb classisch auch im exil, er suchte sein unglück nicht in sich, sondern in seiner entfernung von der hauptstadt der welt.« Ja, der dichter ist sich gleich geblieben. Was er als das über die nacht des todes in die unsterblichkeit des nachruhms rettende lebensprincip erkannt hatte, das hat er treu in einem geistigen kampfe, nicht etwa innerer zerfallenheit, sondern gegen die aussenwelt vertheidigt, bis seine gesundheit zerrüttet, sein gehirn ermattet war und endlich die hoffnungslosigkeit ihn verstummen machte. Wahrlich nicht das gemeine bedauern der in Rom genossenen sinnenlust und bequemlichkeit führt ihm stündlich die bilder der heimath vor. Weithin ist um Tomi herum weder baum noch fruchtfeld zu sehen, in den harten wintern deckt unabsehbarer schnee die gefrorene erde. scharf wehen die nordwinde, häufige raubeinfälle der nachbarn beunruhigen das land, und sobald der stadtwächter das zeichen gibt, muss männiglich bereit sein nach dem ortsgesetz die waffen zur grenzwacht zu ergreifen. Im städtchen selbst aber hat Ovid keinen gebildeten menschen zur gesellschaft ([1]); ein glückliches ereigniss ist es, wenn er nach lange vergeblichem spähen am strand einen westlichen schiffer ankommen sieht, den er nach neuigkeiten aus Italien fragen und mit briefen beladen kann, von dem er wieder den süssen klang der muttersprache hört, aus welcher dem einsam sinnenden bereits worte und namen zu entschwinden drohen. Die mühen der weiten reise, die gemüthlichen aufregungen werfen ihn hart auf das krankenlager, wo er ohne arzt, ohne pflege, ohne die geeignete nahrung in schlechter hütte leidet. Zwar lernt sein zarter körper sich an die entbehrungen gewöhnen, aber schwer empfindet der rasch alternde dichter das schwinden auch seiner geistigen frische. ([2]) Wer will da den verwiesenen

---

[1]) An der stelle des heutigen Küstendsche gelegen zählte Tomi als wichtiger verkehrsplatz wohl genug ansiedler, doch waren diese handelsleute kein ersatz für Rom. [2]) Trist. III., 10. 11. 12. IV. 1, 65 ff. 6, 41 ff. 8, 1—4. V., 7. 10. 12. 13. Ex Pont. I., 2. 3, 49 ff. 10.

feige schelten, dass er das gemüthvolle zusammenleben mit dem aufrichtig geliebten weibe vermisst, den anregenden verkehr mit hochgebildeten männern? Und wenn er sich auch nach der hauptstadt öffentlicher pracht und ihren mannichfaltigen genüssen des geistes sehnt, so besteht die anhaltende kraft dieser klage in dem gegensatz des schmerzenden bewusstseins seines geistigen verfalles zu der nahrung, welche der aufenthalt in Rom durch die fülle wechselvoller bilder und ereignisse der phantasie des dichters zuführt. (¹) Und wie hält sich Ov. aufrecht gegen die ihn unablässig bestürmenden gedanken? Indem er dichterisch sich ihrer zu entäussern sucht. Wie ringt er gegen die ertödtenden einflüsse seiner barbarischen umgebung? (²) Indem er seine geisteskräfte in steter thätigkeit erhält. Ja, er sucht sogar dem neuen seiner lage interesse abzugewinnen, indem er die landessprache erlernt und es soweit bringt, dass er in ihr dichten kann. (³) Wohl weiss er, dass seine schriftstellerei nicht mehr den höchsten anforderungen der kunst genügt, aber ruhe sucht er in ihr, nicht ruhm, stärkung gegen seinen jammer, befreiung aus seiner stimmung. (⁴)

Auch über seinen charakter hat er die traurigen verhältnisse nicht oberhand gewinnen lassen wollen. Die milde seines wesens hat ihm die trübsal nicht geraubt, er verräth keine verbitterung, keine ungerechtigkeit gegen seine freunde, keine leidenschaftlichkeit gegen seine verfolger. Im eingange der Ibis bemerkt er, dass bisher seine gedichte stets frei von angriff und schmähung gewesen seien, aber das benehmen jenes treulosen, der seinen schriftstellerischen ruf herabzuziehen suche, zwinge ihm die ungewohnten waffen in die hand; allein auch da muss ihm bald verarbeitung gelehr-

---

¹) Ex P. I., 8. III. 4, 23 ff. IV. 2, 15 ff. Tr. V. 12, 21.
²) Angelus Politianus hat in seiner ergreifenden Elegia de exilio et morte Ovidii diese fragen leider ganz übersehen und nimmt die motive zur rührung nur aus der verlassenheit und dem am grossen sohne Rom's begangenen unrechte.
³) Ex P. IV. 13, 19 ff. Tr. V. 12, 58.
⁴) Ex P. III. 9, 33 ff. IV. 10, 65. 70. Tr. III. 14, 27 ff. IV. 1, 3. V. 1, 63. 12, 29.

ter notizen und nachahmung des Kallimachus die innere wuth ersetzen. Mit welcher pietät bewahrt er das andenken an seine eltern und findet trost darin, dass den bereits entschlafenen der schmerz erspart worden sei des sohnes fall mitzuerleben! (¹) Wie würdig erscheint der greise dichter, wann er an seine junge freundin Perilla väterlich theilnehmend schreibt der dichtkunst, welche er in gemeinschaftlichen studien mit ihr als poetischer rathgeber gepflegt, wie einem heiligthume weiterzudienen und in dieser geist- und herzerhebenden beschäftigung ersatz zu suchen für die vergänglichkeit der jugendgüter! (²) Welch sprechendes zeugniss zu gunsten Ov.'s sind die gedichte an seine frau, alle voll zarter hingebung! Ist sie bekümmert, so sucht er, der selbst tiefgetroffene, sich stark zu machen und findet worte der tröstung, ja dieser gedanke an das treue weib gibt sofort auch seinen versen wieder schwung und haltung. (³) Selbst seine umgebung in Tomi wusste der gebeugte mann noch etwas von jenem zauber seiner persönlichkeit empfinden zu lassen, welcher früher männer und frauen der gewähltesten gesellschaft so unwiderstehlich angezogen hatte. Nicht nur kam er dort mit keiner seele in unangenehme berührung, sondern er erwarb sich sogar die achtung und zuneigung aller in dem grade, dass die Tomiten ihn durch städtischen beschluss von öffentlichen leistungen entbanden. (⁴)

»Alles was der dichter uns geben kann ist seine individualität«: in diesem worte seien die manen Ovid's mit denen Schiller's versöhnt!

---

¹) Tr. IV. 10, 80 ff. ²) Tr. III., 7. ³) Tr. I., 6. V., 11. Ex P. I., 4. III., 1. ⁴) Ex P. IV. 9, 89 ff. 14, 47 ff.

Gedruckt bei C. Krämer in Potsdam.